TINTIN ET LE SECRET D'HERGÉ

La loi du 11 mars 1957 n'autorisant, aux termes des alinéas 2 et 3 de l'article 41, d'une part, que les « copies ou reproductions strictement réservées à l'usage privé du copiste et non destinées à une utilisation collective », et, d'autre part, que les analyses et les courtes citations dans un but d'exemple et d'illustration, « toute représentation ou reproduction, intégrale ou partielle, faite sans le consentement de l'auteur ou de ses ayants droit ou ayants cause est illicite » (alinéa 1er de l'article 40).
Cette représentation ou reproduction, par quelque procédé que ce soit, constituerait donc une contrefaçon sanctionnée par les articles 425 et suivants du Code pénal.

Les vignettes illustrant cet ouvrage sont extraites des différents albums des *Aventures de Tintin*,
© Éditions Casterman.

Les photos de Marie Dewigne et Georges Remi sont extraites de *Avant Tintin*, de Hervé Springael, disponible chez l'auteur (26e, avenue de la Tenderie - 1170 Bruxelles - Belgique)

© HORS COLLECTION/PRESSES DE LA CITÉ, 1993.
ISBN : 2-258-03753-0

SERGE
TISSERON

TINTIN ET LE SECRET D'HERGÉ

ÉDITIONS
HORS COLLECTION

Je remercie Bertrand Eveno qui, par son insistance amicale à me faire reprendre mes réflexions sur *Tintin* éparses dans plusieurs ouvrages, m'a permis de les mener plus loin.

Mes remerciements vont également à tous les lecteurs qui, depuis mon premier travail sur Hergé en 1983, ont nourri ma réflexion de leurs observations et de leurs remarques.

Je remercie enfin chaleureusement la Fondation Hergé et les Éditions Casterman, qui, tout en limitant le nombre de vignettes que je souhaitais reproduire, ont montré l'intérêt qu'elles prennent à mon travail.

SOMMAIRE

INTRODUCTION	7
1. LE SECRET DANS *LES AVENTURES DE TINTIN*	13
2. LE SECRET DANS LA FAMILLE DE HERGÉ	37
3. LES TROIS GÉNÉRATIONS DU SECRET DANS *TINTIN*	49
4. HERGÉ PARTAGÉ EN DEUX ET LA RÉCONCILIATION DE *SANS FAMILLE*	79
5. *TINTIN* ET LA « VÉRITÉ HISTORIQUE »	89
CONCLUSION	99
POSTFACE	105

(Tintin au Congo)

Une intuition de ce qui allait devenir la grande aventure médiatique du XXe siècle.

INTRODUCTION

C'est peu dire que le succès des *Aventures de Tintin* soit considérable. Traduites dans presque toutes les langues, vendues à plus de 170 millions d'exemplaires, ces aventures sont connues sur tous les continents. En Europe, et particulièrement dans les pays francophones, elles constituent un objet de culte et de passion pour de nombreux lecteurs, et la seule mythologie dans laquelle trois générations (en attendant les suivantes...) peuvent se rencontrer. Mais, justement, lit-on *Tintin* de la même façon à tous les âges ? Entre le jeune enfant à qui ses parents confient un album pour le faire tenir tranquille, et cet homme de cinquante ans qui (re)lit chaque dimanche l'un de ses illustrés favoris à l'occasion d'un rituel immuable, qu'y a-t-il de commun ? *Les Aventures de Tintin* sont plus qu'un mythe. Elles sont une mythologie en marche dont nous ne mesurons pas encore tous les effets, un gigantesque résumé des rêves et des aspirations d'une époque : quelle meilleure image de la curiosité de l'Occident que celle de ce petit reporter aux allures chétives que rien ne retient jamais et qui part sans cesse vers de nouvelles régions inconnues ? Et quelle meilleure image de l'Aventure sous toutes ses formes – qu'elle soit scientifique, créatrice, tout simplement intellectuelle ou même sportive – que cette fusée à damier rouge et blanc qui s'élance vers le lieu de tous les rêves enfantins, la lune ?

Du succès de *Tintin*, beaucoup de raisons ont été données. Et à juste titre, car un intérêt aussi important – et auquel son créateur, Hergé, disait en toute honnêteté ne rien comprendre lui-même – ne peut s'expliquer par une cause unique. Toutes les raisons de ce succès, pourtant, ne sauraient être mises sur le même plan. Et ce sera justement le but de ce livre que de tenter d'en explorer une seule, mais dans toutes ses conséquences. Une seule, mais qui pourrait bien se révéler l'une des plus importantes, sinon la première. Cette cause, annonçons-la tout de suite : *Les*

(Tintin en Amérique)

Au début des Aventures, *Milou est plus humain qu'animal. C'est aussi le moment où Tintin se transforme volontiers en singe ou en girafe.*

Au fur et à mesure, Hergé introduit aux côtés de Tintin des personnages à la fois humains et fortement typés.

(Le Trésor de Rackham le Rouge)

Aventures de Tintin sont, malgré les apparences, une œuvre ÉNIGMATIQUE. Mais avant de nous engager dans une exploration aux allures d'enquête, il n'est pas inutile de rappeler les éléments habituellement invoqués pour justifier le succès de ces aventures, imaginées par un homme d'abord seul entre 1929 et 1941, puis entouré de quelques collaborateurs jusqu'à sa mort en 1983.

Tout d'abord, ce succès est lié à des qualités narratives et graphiques que Hergé partage avec d'autres auteurs, rares il est vrai : la rigueur des textes, qui furent d'ailleurs à partir de la guerre l'objet d'un travail collectif impliquant plusieurs collaborateurs et amis ; la précision mise à dessiner les détails de l'environnement, qui a fait dire à l'ethnologue Claude Lévi-Strauss que *Tintin* était la bande dessinée la plus respectueuse des coutumes du monde ; le fait que Tintin soit un héros sans famille, d'abord accompagné par un petit animal – Milou – puis faisant la rencontre de divers personnages qui deviennent peu à peu ses amis : les Dupondt, Haddock, Tournesol, la Castafiore. Toutes ces caractéristiques, *Tintin* les partage avec d'autres héros de bande dessinée, et les dessinateurs qui les appliquent aujourd'hui se lancent certainement moins dans un décalque des *Aventures de Tintin* qu'ils ne redécouvrent les ingrédients qui ont de tout temps fait le succès des récits d'aventures, ceux de Jules Verne, d'Hector Malot ou de Alain Saint-Ogan. On peut seulement remarquer au bénéfice de Hergé l'intuition d'avoir su envoyer son héros dans les régions les plus reculées du monde pour nous en ramener des témoignages et des images comme une anticipation de ce qui allait devenir la grande aventure médiatique du XXe siècle. *Tintin* porte à l'extrême la tendance de l'Occident à pousser toujours plus loin sa quête, au-delà des montagnes, des déserts et des forêts impénétrables, et d'en prendre possession par l'image. Et Hergé a largement contribué à faire du journaliste le héros moderne qu'il est devenu, au même titre que l'aviateur ou l'anthropologue.

Par ailleurs, Hergé a su créer autour de son héros initial, Tintin, des personnages à la fois fortement typés et d'une humanité incontestable. La force de chacun de ces personnages est telle qu'on peut lire *Les Aventures de Tintin* tantôt en s'identifiant à l'un d'entre eux, et tantôt à un autre. Ainsi s'explique l'un des éléments qui rend chaque lecture d'un album de *Tintin* si différente des précédentes. Tantôt le lecteur peut lire un album en prenant fait et cause pour les colères, les coups de cœur, les sentiments outranciers et explosifs du capitaine Haddock. Tantôt, au contraire, il peut se sentir proche de la timidité de Tournesol, de son repliement sur lui-même et de sa capacité à suivre son idée contre vents et marées, comme un enfant obstiné et têtu. Tantôt, enfin, il peut, en riant des Dupondt, rire de lui-même, de ses erreurs, de sa volonté toujours intacte de découvrir la vérité et de son échec constant à y parvenir. Quant à Tintin, il est à lui seul un personnage multiple. Pour le très jeune lecteur, il représente l'enfant parfait, idéal et irréprochable, celui qu'il croit que ses parents voudraient qu'il soit. Mais Tintin est aussi pour lui une invitation à la connaissance et à la débrouillardise. L'adolescent, lui, est sans doute plus sensible au caractère sans attache de Tintin et à la force qui le pousse toujours à aller voir ailleurs, plus loin, dans un monde pour une part hostile, mais qu'il sait apprivoiser : ceux qui sont d'abord ses ennemis, comme les Dupondt et le capitaine Haddock, deviennent finalement ses meilleurs amis. Quant à l'adulte, s'il renoue dans ses lectures avec ses découvertes d'enfance et d'adolescence, nous verrons qu'il y trouve encore bien autre chose !

Ajoutons enfin à l'originalité de Hergé un dessin non seulement « clair », comme on l'a souligné si souvent, mais essentiellement « doux » et « apaisant », à la fois dans son trait et ses couleurs. Faites-en l'expérience ! Lorsque vous êtes déprimé, lisez donc Jacobs, Bilal, ou Mickey ! Aucun n'aura sur vous l'influence joyeuse, littéralement « antidépressive » de *Tintin*, sauf peut-être le magique et facétieux Franquin, l'auteur des aventures de Gaston Lagaffe. Si ce trait – la fameuse « ligne claire » – définit à lui seul l'univers de *Tintin*, c'est parce qu'il est avant tout une *atmosphère*. Où qu'aille Tintin, quel que soit le caractère déconcertant ou même menaçant des lieux ou des situations auxquels il est confronté, le lecteur, lui, est assuré de ne trouver partout que du « Hergé » : entendons un trait continu, net, légèrement arrondi, qui transforme l'objet le plus étrange en figure familière. Bien mieux que la photographie dont le choc des blancs et des noirs accentue l'étrangeté des espaces inconnus, le trait continu et uniforme de Hergé contribue à intégrer le héros dans une continuité rassurante. Le trait hergéien, qui arrime le héros au décor tout comme la ligne de plomb le fait pour un personnage de vitrail, opère, mieux que tout autre style, cette fonction « d'enveloppement » sans laquelle l'image de l'inconnu est condamnée à nous rester irrémédiablement étrangère. Par ce style, le lecteur qui s'identifie au héros se trouve pris dans le filet d'un

(Objectif lune)

Les Dupondt, deux inséparables que seule la pointe de leur moustache distingue.

confort et d'un plaisir avant de l'être dans celui de ses propres associations. Hergé a su créer un dessin capable de nous rendre familier, et donc acceptable, le plus étranger à nos habitudes et à nos coutumes. Telle est peut-être finalement l'origine profonde des reproches qui lui ont été faits au sujet de son racisme ou de son antisémitisme. Si ce racisme et cet antisémitisme ne font que refléter ceux de la majeure partie de ses contemporains, lui seul a su créer un style qui nous les rende familiers, et risque donc de nous les rendre acceptables !

Mais tout ceci serait bien insuffisant pour expliquer le succès de *Tintin* si cette bande dessinée n'était pas d'abord, comme je l'ai dit, pour chacun de ses lecteurs, une bande *énigmatique*. Seul, en effet, ce caractère permet de rendre compte du fait qu'elle puisse accompagner si longtemps certains lecteurs à travers les époques de la vie, et qu'elle puisse servir de signes de connivence, de plaisanteries et de reconnaissance mutuelle entre des lecteurs d'origine et de culture très diverses.

Il y a en effet dans *Les Aventures de Tintin* des choses bien curieuses. Tintin est un héros sans famille. Mais cette absence de famille n'est-elle pas étrange ? Serait-il orphelin ? Et « Tintin », est-ce un nom d'ailleurs ? N'est-ce pas plutôt un surnom... ou un sobriquet ? Pour cacher son véritable nom, alors ? Et puisque nous parlons de nom, que penser de celui des Dupondt ? Sont-ils frères, ces deux-là ? Impossible ! Si Dupond et Dupont sont leurs patronymes, ils ne peuvent s'appeler de deux noms différents et être frères. Ou alors, ces noms sont des prénoms, ou des pseudonymes ? Diable. Et la Castafiore ? On pourrait croire que là, au moins, les choses sont simples. Un seul nom, auquel de nombreux commentateurs ont tenté de trouver une signification symbolique, d'ailleurs tantôt du côté de la chasteté et tantôt du côté de la castration. Malheureusement, tout se

Deux autres "inséparables", la Castafiore et son rôle de Marguerite, dans l'opéra Faust *de Gounod.*

(Le Sceptre d'Ottokar)

complique lorsqu'on constate que la chanteuse n'a pas une identité et un nom, mais deux ! Chanteuse émérite, elle se confond, lors de la plupart de ses apparitions, avec le personnage de « Marguerite » de l'opéra de Gounod ! Alors, quand Marguerite questionne son miroir, est-ce la Castafiore qui s'interroge, la Marguerite de Gounod, ou encore l'une qui interroge l'autre ? On s'y perd. Reste le capitaine Haddock. Là, on croit tenir du solide. Hélas ! Le capitaine a (eu) un homonyme, qui a été en même temps un ancêtre, le chevalier de Hadoque. L'un et l'autre se ressemblent plus encore que les Dupondt. Alors que les deux jumeaux diffèrent par l'orientation de la pointe de leur moustache, Hergé a donné à Haddock et Hadoque, malgré les siècles qui les séparent, le même aspect, la même façon de parler un peu grossière, les mêmes attitudes et le même goût immodéré pour l'alcool – vieux rhum ou whisky selon l'époque, il est vrai. Deux vrais jumeaux donc, qui se différencient pourtant, comme les Dupondt, par l'orthographe de leurs noms... mais aussi par leur costume : veste et culotte violettes pour le chevalier ; pull de marine bleu foncé marqué d'une ancre de marine pour le capitaine. Remarquez que c'est déjà par leur costume que les deux « personnalités » de la Castafiore se distinguaient : la robe de jeune paysanne allemande que porte Marguerite pendant l'air « des bijoux » – la plus belle robe de Marguerite, comme elle le dit dans L'Affaire Tournesol – l'indique clairement pour être « dans son rôle » ; alors que ses autres tenues la laissent pour être elle-même...

Or toutes ces questions et bien d'autres trouvent leur réponse dans un secret dont Hergé était le porteur ; un secret familial qui pesa sur lui sans qu'il ne fît rien pour cela, simplement parce que c'était le secret douloureux de ses parents, et que les secrets douloureux des parents pèsent toujours sur les enfants. Ce livre se déroulera donc à deux niveaux : l'histoire d'un secret inscrit dans Les Aventures de Tintin ; et l'histoire du secret qui pesa sur Hergé sa vie durant, tel que nous le connaissons aujourd'hui.

Mais une troisième histoire viendra s'ajouter à ces deux-là. Ce livre, consacré à Tintin et à Hergé, traite également de ce qui m'a poussé à me lancer dans une pareille aventure ! Les vignettes de Hergé s'imposent alors comme le repère indispensable à travers lequel le lecteur puisse démêler ces histoires multiples. Elles sont l'aboutissement de la création hergéenne, celle de ses rêveries d'enfant. Elles sont aussi le point de départ de mes propres rêveries et

(Le Secret de la Licorne)

*Même aspect, mêmes mimiques, même goût pour les jurons chez le chevalier de Hadoque et chez son descendant le capitaine.
Seule l'orthographe de leurs noms diffère.*

(Tintin et les Picaros)

le lieu où ma recherche nécessite de faire constamment retour pour ne pas devenir, uniquement, un « fantasme ». Elles sont enfin la « matière première » de l'œuvre sur laquelle le lecteur est invité à se repencher pour confronter sa lecture propre à celle que je lui propose.

(Le Crabe aux pinces d'or)

Le capitaine dans l'exercice de ses facultés vocales qui l'ont rendu célèbre; Hergé nous montre, avec Haddock, qu'il croit à la force des mots.

1

LE SECRET DANS *LES AVENTURES DE TINTIN*

C' est en 1980 que je décidai de chercher une réponse à mes interrogations sur *Tintin*, à un moment où la biographie de Hergé restait encore totalement inconnue. Aucun des livres existant ne répondait en effet à mes questions. Quant aux quelques interviews données par Hergé, elles ne contenaient pas non plus d'éléments susceptibles de m'aiguiller vers un début de réponse. L'extrême gentillesse du créateur de *Tintin*, si souvent notée par ceux qui l'ont approché, savait rapidement dissuader les questions embarrassantes ! Et d'ailleurs, pourquoi penser qu'un créateur soit le mieux placé pour nous parler de son œuvre ? N'y a-t-il pas justement une part de lui-même qui s'y trouve à son insu ? C'est cette part que je décidai de traquer. Mais d'où partir ? Il semble y avoir à cette œuvre tellement de portes d'entrée. Chacun des albums n'en est-il pas une ? Et chacun des personnages qui accompagnent Tintin dans ses aventures ? Fallait-il alors sélectionner les albums où apparaissent chacun de ses héros ? Je choisis finalement de suivre Hergé dans l'ordre de sa création, depuis *Tintin au Congo* jusqu'à *Tintin et les Picaros*, puisqu'il a décidé de faire débuter la série des albums consacrés à son héros par l'aventure africaine et non par *Tintin au pays des Soviets*, dont il a même pendant longtemps refusé la réédition.

Par ce choix, je décidai donc de prendre les albums de *Tintin* comme une suite et non comme une juxtaposition d'aventures indépendantes. Or ma première surprise fut de découvrir que la « famille » hergéenne, comme on l'appelle communément – constituée par Tintin, Milou, les Dupondt, Haddock, Tournesol et La Castafiore –, passe par diverses phases successives qui sont justement celles que rencontre toute famille humaine au cours de son évolution.

DE L'INDIFFÉRENCIATION A LA SUCCESSION DES GÉNÉRATIONS

Les *Aventures de Tintin* sont, comme tout récit initiatique, le récit d'une lente différenciation de ses héros. Chaque personnage y acquiert, au fil des épreuves traversées, maturité, sagesse, meilleure connaissance du monde et de lui-même. Ou plutôt, chaque personnage y évolue... sauf celui qui donne son nom à l'ensemble de ces aventures, Tintin lui-même. Mais autour de lui, combien les autres changent ! Milou abandonne l'usage de la parole et son ambiguïté ; Haddock perd peu à peu ses fameuses colères meurtrières ; et Tournesol accepte de porter un petit appareil qui le débarrasse de sa surdité, devenant même capable, dans *Tintin et les Picaros*, de facéties d'adolescent ! Quant à Rastapopoulos et Allan, les dangereux gangsters du début, ils se révéleront finalement de bien piètres et bien ridicules crapules !

Or, pour chacun d'entre nous, la famille est, pareillement, un lieu d'évolution. Cette évolution est rendue possible par le fait que toute famille est partagée entre deux séries de moments qui s'avèrent également nécessaires, et dont la confrontation est source de dynamisation pour l'être humain : d'une part, des moments de rapprochement et d'indifférenciation, scellés par le fait de partager le même espace, la même nourriture, les mêmes loisirs ; et d'autre part, des moments de séparation et de différenciation, organisés autour des naissances, du départ d'enfants devenus

Mêmes situations, mêmes positions, mêmes mimiques : les aventures de Tintin et Milou sont au début celles de jumeaux.

(Tintin au Congo)

Témoins d'une évolution dans l'oeuvre de Hergé : les dangereux gangsters du début se révèlent à la fin de bien piètres crapules !

(Vol 714 pour Sidney)

Une identité parfaite.

(Tintin au Congo)

grands, des mariages et des décès. La vie psychique familiale obéit ainsi à une double pulsation : les moments de fusion assurent la participation de chacun des membres à l'héritage matériel et imaginaire du groupe ; tandis qu'au contraire, les séparations ont une fonction de rupture qui permet à chacun d'assurer son indépendance et d'affirmer son originalité dans ses goûts et dans ses choix. Mais, sur le chemin de la différenciation progressive de ses membres, toute famille rencontre des obstacles liés à la reconnaissance de la dépendance de chacun aux autres, ainsi qu'à celle des différences de génération et de sexe. Bien entendu, le refus de reconnaître, dans une famille, la dépendance réciproque ou la différence des sexes et des générations est rarement explicite. Il s'agit plutôt d'émotions et de comportements auxquels les différents membres du groupe familial participent ensemble sans les formuler. Ces émotions et ces comportements ont en commun le refus d'envisager la mort et le temps. Or, de tels refus sont également très présents dans la bande dessinée. Il est habituel que les héros n'y vieillissent pas et n'y meurent pas. Dans le cas de Hergé, c'est dans les scénarios mêmes que de tels refus sont mis en scène, à tel point qu'on peut lire l'ensemble des albums de *Tintin* à la lumière des différentes phases par lesquelles passe toute famille au cours de son évolution.

Le début des *Aventures de Tintin* est en fait le récit de deux aventures parallèles et jumelles. Celle d'un jeune reporter et de son petit chien ; et celle d'un jeune chien et de son petit maître... D'ailleurs, le début de *Tintin au Congo* est explicitement placé sous le signe de la gémellité : un peu à l'écart de Tintin et Milou qui prennent le train à la gare de Bruxelles, les deux Dupondt veillent... Les deux Dupondt, qui n'interviendront en fait dans les aventures que plusieurs albums plus tard, avec *Les Cigares du Pharaon*, et qui ont, comme on le sait, même aspect, mêmes vêtements, mêmes accessoires (canne et melon), mêmes mimiques, mêmes mots et mêmes tics ! Or, justement, c'est bien en quelque sorte l'histoire de jumeaux que vont nous raconter *Les Aventures* au début.

Dès la première case du *Congo*, Milou dit au revoir à ses camarades chiens venus l'accompagner sur le quai de la

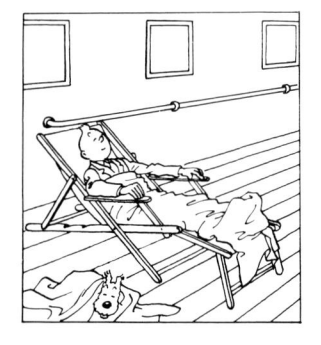

(Le Lotus bleu)

gare, tout comme Tintin à ses amis et connaissances. Puis tous deux saluent de la fenêtre de la même façon, avec deux mots ponctués pareillement d'un point d'exclamation ; tout comme tous deux se reposent plus tard, sur le pont du bateau, protégés par une couverture identique. Milou et Tintin ont, à ce moment-là, mêmes mimiques, mêmes joies et mêmes peines. Et Milou est même parfois plus humain que son maître ! Alors que Tintin ne connaît ni la peur ni les questions, Milou s'inquiète ou se réjouit, commente l'action et parfois même sert de conscience à Tintin.

Cette indifférenciation entre animal et être humain est à vrai dire générale, au début des *Aventures*. Tintin a la capacité, à ce moment-là, de se transformer totalement, et presque de manière instantanée, en toute créature de son choix ! Ainsi se métamorphose-t-il en bandit pour en tromper un autre dans *Tintin au Congo*, mais tout aussi bien en singe ou en girafe ! L'aisance de ses métamorphoses animales illustre l'indifférenciation humain - non humain qui règne alors dans *Les Aventures*. Tintin gardera toujours, il est vrai, une propension aux déguisements et une capacité exceptionnelle à les réussir. Ainsi se transforme-t-il successivement, et grâce aux artifices qu'autorise le dessin, en stewart noir dans *L'Oreille cassée*, en général nippon dans *Le Lotus bleu*, ou en vieil Écossais dans *L'Ile noire*. Pourtant, une évolution se dessine d'un album à l'autre. A partir de

Au fil des aventures, les transformations de Tintin sont de moins en moins des métamorphoses et de plus en plus des déguisements...

(L'Ile noire)

(L'Affaire Tournesol)

... Jusqu'à des déguisements qui sont de simples postiches.

Tintin, à nouveau séparé de Milou, pense à lui pour la première fois.

(Tintin en Amérique)

Tintin au Congo, ces transformations restent toujours cantonnées au domaine humain. Puis elles deviennent de plus en plus réalistes, c'est-à-dire qu'elles sont données par Hergé comme des déguisements et non plus comme des changements d'identité. Ainsi, dans *L'Affaire Tournesol*, les visages de Haddock et de Tintin se laissent-ils deviner sous leurs fausses barbe et chevelure. Enfin, dans *Tintin et les Picaros*, les déguisements qui permettent aux héros de renverser le rival d'Alcazar n'ont plus d'autre prétention que de cacher l'identité de celui qui les porte sans vouloir à aucun moment lui donner l'apparence d'un autre. Ainsi Tintin et, avec lui, les autres personnages de Hergé cessent-ils peu à peu d'être de simples figures de papier transformables au gré des situations pour devenir l'image d'êtres humains plausibles, doués chacun d'une identité porteuse de ses propres contraintes.

Sur le chemin du « devenir humain » des héros hergéiens, un autre élément essentiel consiste dans les séparations successives de Tintin et Milou. Des séparations successives au fil desquelles la possibilité de chacun de se représenter la situation va s'aiguiser et se préciser. Chacun y apprend peu à peu à réagir à la perte de l'autre autrement que par un état de panique, comme c'est le cas au début. Chacun y découvre la possibilité de penser à l'autre pendant son absence, et les séparations, qui n'impliquent d'abord que la mise en scène d'actions destinées à permettre les retrouvailles, s'accompagnent peu à peu de la figuration de la tristesse des deux protagonistes : Tintin séparé de Milou pense à lui, et Milou séparé de son maître s'interroge sur celui-ci. Plus encore, chacun des deux, séparé de l'autre, se représente son compagnon inséparable attristé à l'idée de l'avoir perdu, lui : Milou une fois seul pense à Tintin (« Que va-t-il devenir ? ») et Tintin se représente Milou pleurant de l'avoir perdu, lui, son maître.

Une autre variété de l'indifférenciation tourne autour de la prétention que chacun peut avoir – et en particulier dans une famille – à se croire totalement indépendant des autres, c'est-à-dire affranchi des liens qui l'unissent à la fois à ses ascendants et à ses collatéraux. Le fait que Tintin soit un héros sans famille, et qui n'évoque jamais l'existence de parents possibles, correspond à la mise en scène de cette tentation. Il illustre le refus de reconnaître la réalité de l'existence des parents et de s'inscrire dans une généalogie. Ce refus a pour objet de ne pas reconnaître sa dépendance à tout être humain le précédant et dont il soit issu. Il s'accompagne d'un refus d'admettre la succession des différents stades de la vie : enfance, adolescence, âge adulte, premières amours, mariage, enfants et petits-enfants, mort... Là encore, Tintin, parce qu'il est un héros peu marqué par l'âge et par le sexe – il n'est totalement ni enfant, ni adolescent, ni adulte et très peu « viril » – illustre à merveille le refus des cycles de la vie familiale. Il semble ne devoir la vie à personne, et, plus encore que « sans famille », il s'impose comme celui qui se serait engendré lui-même. Or la différence des sexes et des générations, d'abord totalement absente des *Aventures*, va y apparaître en même temps que les personnages nouveaux imaginés par Hergé, et, avec eux, elle va se compliquer et se ramifier.

La différence des sexes s'impose avec Bianca Castafiore, même si la cantatrice apparaît, dès *Le Sceptre d'Ottokar*, en matrone bien plus qu'en femme désirable. Mais justement, par son aspect de femme mûre, l'unique héroïne de Hergé introduit une autre différence, tout aussi essentielle, celle des *générations*. D'ailleurs, dans ce même album du *Sceptre*, Hergé a tenu à placer un dépliant touristique qui nous raconte la succession des rois Ottokar, en quelque sorte l'arbre généalogique de leur dynastie ! Mais c'est avec l'album suivant, *Le Crabe aux pinces d'or*, que Hergé s'engage de façon radicale dans la question de la différence des générations avec l'apparition du capitaine Haddock. Celui-ci se lance en effet, dans *Le Secret de La Licorne* et *Le Trésor de Rackham le Rouge*, dans la reconstruction de son histoire généalogique.

Tournesol apparaît justement dans *Le Trésor de Rackham le Rouge*. D'abord isolé, il est ensuite peu à peu intégré au groupe hergéien dont il formera le troisième larron. Le moteur des *Aventures* devient alors de plus en plus organisé autour des séparations et des retrouvailles des trois amis : enlevé dans *Les Sept Boules de cristal*, Tournesol

(Tintin en Amérique)

Un bel exemple de réciprocité.

La Castafiore est définitivement rattachée à la "famille hergéienne".

(Tintin et les Picaros)

Au cours de l'élaboration de Tintin au Tibet, *en proie à des angoisses terribles, Hergé pense arrêter son travail... Ici, c'est le capitaine Haddock qui pense couper le fil qui le relie à Tintin, au péril de sa propre vie.*

Haddock, un enfant réticent...

(Les Bijoux de la Castafiore)

est délivré par Tintin et Haddock dans *Le Temple du soleil*. Puis le Professeur appelle près de lui ses deux amis dans *Objectif lune* afin qu'ils participent avec lui à la grande aventure lunaire. A nouveau enlevé dans *L'Affaire Tournesol*, il est une nouvelle fois sauvé, cette fois *in extremis* ! Avec *Tintin au Tibet*, c'est sur les traces de son vieil ami Tchang que s'élance Tintin. Enfin, avec *Tintin et les Picaros*, Hergé envoie ses héros au secours de son unique héroïne. A ceux qui doutaient que la chanteuse fasse bien partie de la famille hergéienne, la scène de sa libération apporte un cinglant démenti. La cantatrice embrasse en effet le capitaine avec ces mots : « Je savais bien que vous viendriez me tirer de là. »

Mais auparavant, la prise de conscience de la succession des générations, dans *Le Secret de La Licorne* et *Le Trésor de Rackham le Rouge*, aura fait accéder les personnages de Hergé à la conscience de leur mort possible. Celle-ci apparaît dans *Le Temple du soleil* : Tintin a disparu dans un torrent, Haddock et Zorrino le croient mort et le pleurent. Mais c'est surtout avec l'aventure lunaire que Hergé s'engage dans la prise en compte de la mort pour ses héros, avec l'agonie terminale du retour sur la terre dans *On a marché sur la lune*. Il y reviendra une dernière fois dans *Tintin au Tibet*, avec l'évocation de la souffrance des héros, et la tentative de suicide de Haddock pour sauver Tintin !

Enfin, une dernière série d'obstacles à la différenciation tourne autour du refus de la différence des sexes et du pouvoir sexuel. Cette difficulté concerne pour chacun la reconnaissance d'être né du rapprochement sexuel d'un homme et d'une femme. C'est autour de la Castafiore, ou plutôt de l'album consacré à ses « bijoux », que cette éventualité est explorée par Hergé dans ses différentes composantes. Haddock est en effet placé, dans cet album, vis-à-vis de la chanteuse, tantôt dans une relation matrimoniale et tantôt dans une relation de filiation. Dans le premier cas, le capitaine se trouve présenté par voie de presse comme le fiancé de la chanteuse (ce sont les noces du « Rossignol milanais » et du « vieux loup de mer »). Dans le second cas au contraire, le capitaine devient l'enfant de la cantatrice : il est promené par elle, plâtré et immobilisé dans une petite voiture d'infirme, comme un enfant dans sa poussette, tandis que la diva se préoccupe qu'il ne prenne pas froid ou qu'il profite de la bonne odeur des fleurs ! Cette évocation d'un Haddock en enfant révolté est alors complétée, dans le même album, par celle d'un fils aimable et soumis : Tournesol, amoureux en secret de la Castafiore, invente pour elle une rose exaltant la virginité qu'il veut lui supposer, et portant le nom de « Bianca ». Les deux personnages « secondaires » privilégiés par Hergé – ou plutôt, les deux personnages principaux de son œuvre après Tintin – ne peuvent, mieux qu'ici, affirmer leur différence !

Nous allons voir maintenant comment cette évolution continue, qui mène de l'indifférenciation et de l'isolement des personnages à leur différenciation et à l'établissement de liens étroits entre eux, passe dans l'œuvre de Hergé par plusieurs moments essentiels qui correspondent pour l'auteur à autant de crises.

La réflexion sur la généalogie apparaît dans *Le Sceptre d'Ottokar*. Elle porte alors sur les obligations qui lient les descendants aux ancêtres.

Puis l'apparition du capitaine Haddock permet la mise en scène du désespoir et des tendances suicidaires dans *Le Crabe aux pinces d'or*.

Enfin l'exploration généalogique et le dénouement du secret sont développés dans *Le Secret de La Licorne* et *Le Trésor de Rackham le Rouge*.

Mais, auparavant, l'angoisse qui habite Hergé à l'approche du secret douloureux qui le hante aura été exorcisée dans *L'Étoile mystérieuse*.

Tournesol, un enfant sage et obéissant.

(Les Bijoux de la Castafiore)

LES ANNÉES DE TRANSITION : 1938-1942

Le Sceptre d'Ottokar est un album essentiel dans l'œuvre de Hergé. Tout d'abord – et cela est une caractéristique majeure que *Le Sceptre* partage avec *Le Lotus bleu* – Hergé y met clairement en scène l'actualité internationale, précisément l'annexion de l'Autriche par l'Allemagne nazie. Il a lui-même déclaré que *Le Sceptre* n'était « autre que le récit d'un Anschluss raté[1] ». D'ailleurs, les uniformes des soldats de la puissante Bordurie, qui menace le petit royaume Syldave, rappellent les uniformes nazis ; et le chef de la conspiration se nomme « Mussler » c'est-à-dire que son nom est construit à partir de la première syllabe de « Mussolini » et de la dernière de « Hitler » ! Mais cet album est aussi, rappelons-le, celui où surgissent les premières allusions à une *différence des générations* et aux *obligations qui lient les enfants aux ancêtres*. D'ailleurs la Castafiore, qui apparaît dans cet album, est décrite, par son aspect physique et ses vêtements, comme une vieille femme – aspect qu'elle aura beaucoup moins par la suite –, c'est-à-dire comme un personnage appartenant à une *autre génération* que Tintin. Mais surtout, cet album met en scène, de façon exceptionnelle, la fidélité nécessaire à la parole d'un ancêtre : chaque roi de Syldavie ne tire sa légitimité que de

La représentation de la mort chez Hergé, dans Le Temple du soleil, *est précédée par une longue approche de l'angoisse.*

---

1. Numa Sadoul, *entretiens avec Hergé*, Casterman 1975. Page 71.

pouvoir se montrer au peuple, muni du traditionnel sceptre royal, chaque année le jour de la Saint-Vladimir, selon le souhait du fondateur de la dynastie.

Avec l'album suivant, *Le Crabe aux pinces d'or*, de graves difficultés commencent pour Hergé. *Le Petit Vingtième*, où paraissaient chaque semaine *Les Aventures de Tintin*, disparaît du fait de la guerre. Le quotidien *Le Soir* accueille les premières planches du *Crabe* dans son supplément hebdomadaire, *Soir-Jeunesse*. Mais ce supplément disparaît à son tour, et il est décidé de faire paraître les dessins de Hergé chaque jour, sous la forme de lignes de trois à quatre cases ! Alors commence pour Hergé un nouvel apprentissage dans la maîtrise de ses planches. Il est obligé pour la première fois de tenir compte des interruptions de son récit à la fin de chaque ligne, et plus seulement à la fin de chaque page comme auparavant. Et c'est dans ces circonstances qu'apparaît un nouveau personnage, torturé et désespéré (est-ce à l'image de Hergé dans cette période troublée ?), le capitaine Haddock. Or, le capitaine présente cette particularité d'être, de tous les personnages hergéiens, d'emblée *situé dans la succession des générations*. Il l'est même doublement. Par son aspect d'homme mûr, qui contraste avec le caractère indifférencié de Tintin ; et par ses propos. Dès la première rencontre des deux héros dans *Le Crabe aux pinces d'or*, le capitaine évoque sa mère et le lien qui le lie à elle, en criant : « Maman ! Maman ! » Surtout, Haddock va très bien s'engager, sur les traces de son ancêtre le chevalier, vers la reconstruction de sa *généalogie*.

Mais, auparavant, Hergé aura donné l'ampleur de la crise intérieure grave qu'il traverse autour du problème généalogique qui l'accapare de plus en plus. Confronté au risque d'une catastrophe psychique, il imagine et met en scène la menace d'une catastrophe planétaire.

En 1941, la Belgique est sous occupation allemande, et deux albums de Hergé, *Tintin en Amérique* et *L'Ile noire*, ont été interdits, le premier parce qu'il mettait en scène des Américains et le second des Anglais ! Il convient donc d'éviter toute allusion à l'actualité. Au même moment, les éditions Casterman décident de réduire le nombre de pages des albums de Hergé à 62, au lieu des 110, 120 ou 130 pages des précédents, et demandent en outre à Hergé d'introduire la couleur. De plus, ces possibilités nouvelles s'appliquent également aux albums parus avant la guerre, qui doivent donc être recomposés et mis en couleurs. Un travail consi-

Un nouveau héros bien différent de Tintin : un homme mûr, en crise, et qui évoque dès son apparition le souvenir de sa mère.

(Le Crabe aux pinces d'or)

dérable pour les huit albums que Hergé a déjà fait paraître à cette date (exception faite de *Tintin au pays des Soviets* que Hergé ne modifiera pas et qui restera introuvable jusqu'à sa récente réédition). Lui qui a toujours travaillé seul doit constituer une équipe et faire confiance à d'autres pour la réalisation d'une partie de son œuvre. Enfin, Hergé se trouve à ce moment-là, à l'approche de la quarantaine, engagé dans la crise du milieu de la vie. Or cette crise, si elle est sensible chez chacun, produit chez tout créateur des interrogations et des retours sur soi dont les effets sont toujours visibles dans sa création.

Pour l'ensemble de ces raisons, Hergé, avec *L'Étoile mystérieuse*, s'engage sur la voie d'un récit qui peut être lu de deux façons : soit comme un récit d'aventures, soit comme le récit imagé des étapes de la très grave crise intérieure qu'il traverse alors, crise qui restera toujours présente chez lui à un moindre degré – sauf au moment de la réalisation de *Tintin au Tibet*, où elle atteindra un nouveau sommet – et qu'il tentera toute sa vie de dépasser et de transfigurer dans sa création. En effet, ce ne sont pas les contraintes nouvelles imposées à sa création qui affectent Hergé. De celles-là, il a même dit le rôle stimulant qu'elles avaient sur lui : « Des règles me sont nécessaires pour mener à bien ce que j'ai à faire[1]. » Le créateur de Tintin traverse alors, comme nous allons le voir, une crise grave autour de sa propre histoire généalogique, qui trouvera son dénouement dans *Le Secret de La Licorne* et *Le Trésor de Rackham le Rouge*. Mais restons-en pour le moment à cette crise elle-même, et à sa transfiguration créative dans *L'Étoile mystérieuse*.

Cette fois-ci, Hergé traverse le miroir. L'aventure qu'il nous raconte n'oppose plus seulement Tintin à des gangsters, mais aussi à un fou qui se dit prophète de l'Apocalypse, et surtout à une nature déchaînée. Et pour la seule fois sans doute, dans l'œuvre de Hergé, son héros affronte seul des difficultés si inimaginables qu'aucun récit ne pourrait les faire partager. Mais cette aventure exceptionnelle constitue aussi de la part de Hergé le récit imagé des différentes étapes par lesquelles passe sa propre création. Tout travail créateur connaît en effet cinq phases successives. Tout d'abord, il se produit chez le créateur une crise intérieure, qu'il ressent comme un état de saisissement, de terrassement, ou d'éblouissement. Ce moment est suivi

---

1. Numa Sadoul, *op. cit.*

(L'Etoile mystérieuse)

*Une représentation imagée d'angoisses qui poussent
le créateur à se lancer dans l'aventure de la création.*

d'une intense production d'émotions, de souvenirs et d'images. Ce sont eux que l'auteur tente ensuite de capter à l'aide de son moyen d'expression privilégié. Il compose alors son œuvre. Puis, une fois celle-ci terminée, il doit prendre la décision parfois difficile de rendre sa production publique. C'est le cinquième et dernier moment du travail créateur.

Dans *L'Étoile mystérieuse*, tout commence par une crise à l'échelle de la planète. Cette crise, Tintin, comme tous les habitants de sa ville, la sent venir, surtout la nuit. La chaleur devient terrible, le goudron fond sous les pas, les canalisations éclatent, l'eau inonde les rues, et des rats innombrables envahissent les trottoirs, tandis qu'une étonnante clarté froide transforme la nuit en journée lugubre. L'ensemble de ces descriptions correspond à la façon dont Hergé vit comme un choc violent imposé à sa personnalité un ensemble de sensations et d'images qu'il n'arrive pas encore à maîtriser et à capter dans sa création. Ces perturbations ne sont pas le propre du créateur, et un grand nombre de personnes peuvent les éprouver, en particulier sous l'effet d'un événement exceptionnel, comme un accident, un décès, mais aussi une naissance ou une rencontre particulièrement émouvante. Mais le propre du créateur est de tenter de maîtriser et de traduire ces sensations et ces sentiments dans une œuvre, qui va à son tour les faire éprouver à des spectateurs.

Hergé lance donc Tintin, le héros qui le représente, vers la compréhension et la maîtrise de l'événement. Tintin force les portes de l'observatoire astronomique, et se retrouve face au professeur Calys. Nous sommes au bas de la page 13, la mise en scène de la seconde phase du travail créateur va débuter.

Confronté à tant de bouleversements intérieurs, l'artiste décide en effet de partir à la rencontre d'une terre encore inconnue, la création d'une œuvre personnelle. Il a souvent besoin sur cette voie d'un confident privilégié. Ce sera pour Tintin le capitaine Haddock, non plus un animal comme Milou, mais un véritable être de chair et de sang. Cinq savants accompagnent le professeur Calys, comme les cinq doigts de la main, complémentaires comme eux et tout entiers soumis à la volonté de l'organisateur de l'expédition.

Le créateur débute alors la constitution de son œuvre. Mais il est soumis pendant cette création à la tentation de tout abandonner, tant cette épreuve est difficile. Et, en particulier, il est tenté de détruire ses propres personnages, de

(L'Etoile mystérieuse)

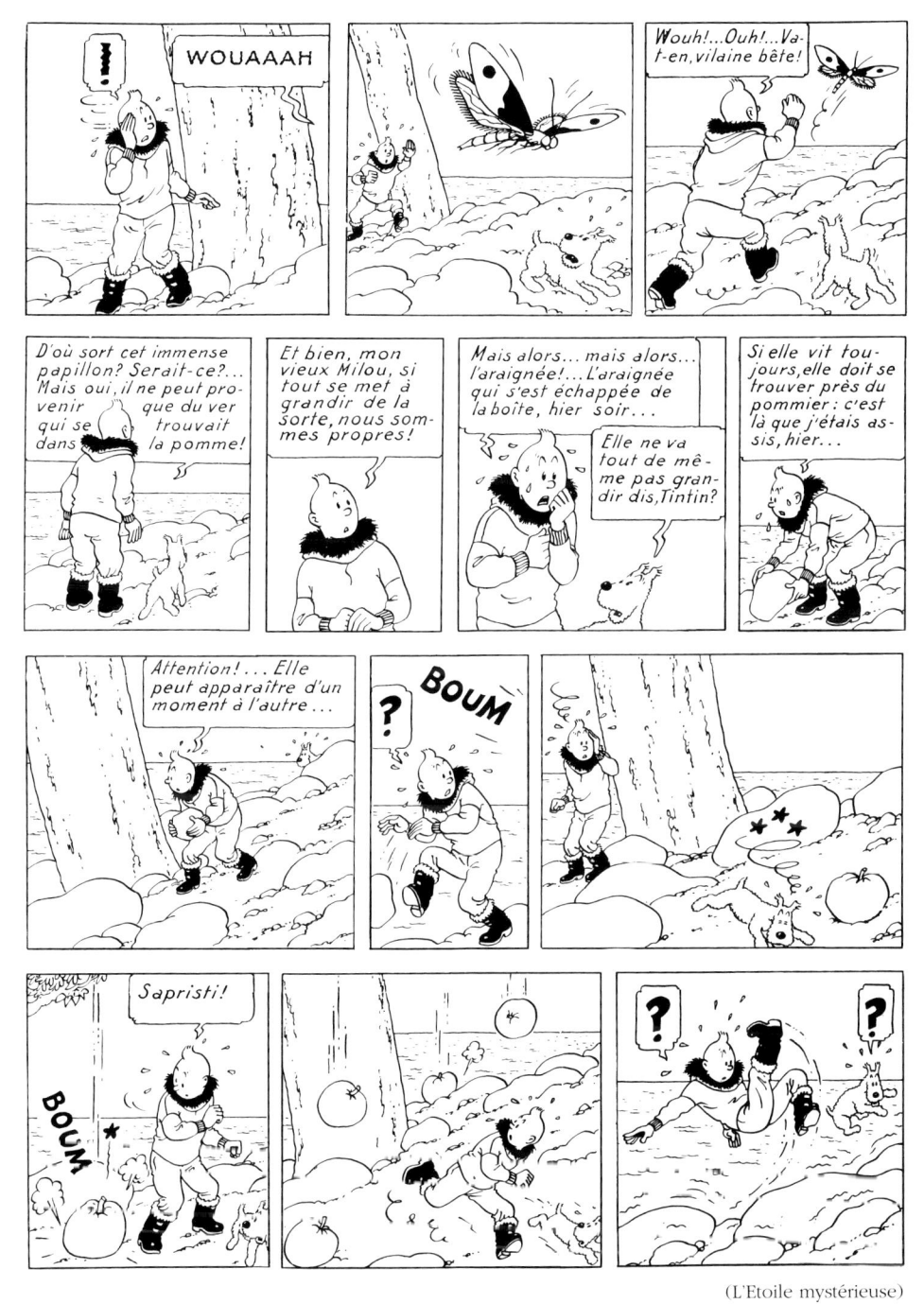

*De même, une représentation imagée des angoisses
du créateur confronté aux risques de sa propre fécondité.*

les faire mourir afin de mettre un terme à sa création. Dans *L'Étoile mystérieuse*, le banquier Bolhlwinkel, qui conspire dans l'ombre à la perte de Tintin, de Haddock et des autres membres de l'expédition, représente cette tentation de Hergé d'arrêter en chemin une œuvre qui le dépasse. Hergé parlera précisément de cette tentation au moment de *Tintin au Tibet*, et des scènes particulièrement dramatiques où Haddock et Tintin sont confrontés au désert de glace de la grande chaîne himalayenne. Mais on peut imaginer, à lire la fin de *L'Étoile mystérieuse*, que cette tentation fut présente pour lui dès cet album : le terrible roc désertique va s'avérer, en effet, bien avant les glaces himalayennes, le lieu d'un terrible cauchemar. Car, sur cette île, tout se transforme et se métamorphose à une vitesse qui déroute le jugement. Aucun repère habituel ne peut y être préservé. Un pommier devient adulte en quelques secondes, ses fruits croissent à vue d'œil, puis menacent d'écraser le héros dans leur chute ; une chenille se transforme aussitôt en papillon d'une taille gigantesque ; des champignons énorment explosent en fumée ; et une araignée monstrueuse réveille en chaque lecteur les terreurs de l'enfance. Mais chacune de ces transformations évoque aussi la création au travail : ne dit-on pas que le créateur « pond » son œuvre, d'une création « qu'elle porte ses fruits », ou des souffrances de la création qu'elles sont celles qui transforment la vilaine chenille en magnifique papillon ?

Enfin, une fois son œuvre composée, c'est-à-dire une fois capturé et métamorphosé l'ensemble des sensations et des images qui avaient d'abord perturbé le créateur, ce dernier doit prendre la décision de rendre son œuvre publique. A l'image de l'artiste qui ramène une œuvre de la crise qu'il a traversée, Tintin ramène sur le vaisseau de l'expédition un fragment de l'étrange météorite. Les savants réunis le recueillent pieusement, comme un nouveau-né, tandis que le mystérieux minerai « pousse », sous la forme d'un champignon étrange, un premier « boum ! » très prometteur !

LE DÉNOUEMENT GÉNÉALOGIQUE

Le Secret de La Licorne et *Le Trésor de Rackham le Rouge* commencent à paraître dans *Le Soir* le 11 juin 1942. Comme dans *L'Étoile mystérieuse*, c'est vers une île que les recherches des héros les mènent. Une île pleine de promesses, mais qui s'avère finalement, et pour d'autres raisons, tout aussi décevante que le météorite. Leur quête n'est plus guidée cette fois par la recherche d'un mystérieux métal inconnu propre à bouleverser l'avenir mais par celle d'un témoin du passé, un trésor ayant appartenu à un ancêtre du capitaine Haddock. Pourtant, tout comme *L'Étoile mystérieuse* portait dans ses plis la mise en scène des interrogations de Hergé sur sa propre création, *Le Secret de La Licorne* et *Le Trésor de Rackham le Rouge* portent dans les leurs les graves questions qui le hantent sur son histoire familiale.

Rappelons d'abord l'intrigue de ces deux albums.

Le secret de La Licorne

Alors qu'un pickpoket défraie la chronique, Tintin découvre au marché aux puces un modèle réduit de bateau portant le nom de *La Licorne*. Il décide de l'acheter pour l'offrir au capitaine. Deux mystérieux inconnus le lui disputent âprement, chacun pour soi. Tintin tient bon... et avec raison, puisque ce modèle réduit se révèle étrangement semblable à celui qui figure en arrière-fond d'un tableau représentant un ancêtre du capitaine Haddock, le chevalier de Hadoque, capitaine de marine sous le roi Louis XIV. Malheureusement, le capitaine ne verra pas son cadeau !

Arrivés chez Tintin, les deux héros s'aperçoivent en effet que la maquette a été volée. Puis Tintin découvre par hasard un parchemin tombé de celle-ci avant qu'elle ne disparaisse. Un texte énigmatique y est inscrit : « Trois frères unis, trois licornes de conserve, voguant au soleil de Midi parleront : car c'est de la

Le chevalier et le capitaine partagent les mêmes jurons... à l'exception d'un seul : "Que le grand Cric me croque."
C'est celui que Hergé mettra dans la bouche de Haddock pour accompagner les mots qui auraient pu être ceux de son ancêtre.

(Le Secret de La Licorne)

Lumière que viendra la Lumière, et resplendira... [suit une ligne de signes incompréhensibles]... La croix de l'Aigle. »

Tintin se précipite chez le capitaine pour lui montrer le document. Il le trouve coiffé d'un chapeau de corsaire et un sabre à la main ! En effet, intrigué par le modèle réduit acheté par Tintin au marché aux puces, Haddock a fouillé dans un vieux coffre ayant appartenu à son ancêtre. Outre le chapeau et le sabre, il y a trouvé un manuscrit, rédigé de la main même du chevalier, racontant sa lutte impitoyable contre le pirate Rackham le Rouge. Lutte dont il sortit finalement vainqueur, mais privé de son navire qu'il fit exploser après que Rackham en eut pris possession. Son récit nous apprend également que le pirate aurait possédé un fabuleux trésor « valant plus de dix fois la rançon d'un roi ». Enfin, le parchemin se termine par l'invitation faite à chacun des fils du chevalier de « déplacer légèrement vers l'arrière le grand mât » de chacun des trois modèles réduits de navire qu'il a réalisés. « Ainsi, ajoute-t-il, la vérité sera complète. »

Tintin comprend alors que chacun des modèles réduits contient un parchemin et que c'est le rassemblement des trois qui permettra que « la vérité soit complète ». Il en possède déjà un... pas pour longtemps, puisque son portefeuille lui est volé ! Ne serait-ce pas l'un des deux inconnus qui voulaient lui racheter son modèle réduit qui aurait fait le coup ? L'un d'eux était un collectionneur qui possédait déjà une maquette semblable. Malheureusement, son modèle réduit lui a été volé également. Le mystérieux voleur serait donc en possession d'au moins deux parchemins... à supposer que ce soit la même personne qui ait volé la maquette de l'antiquaire et le portefeuille de Tintin !

Alors que Tintin est sur la piste de son voleur, il est « volé » à son tour et « caché » dans une crypte. Là, il est mis en demeure de dire l'endroit où il aurait caché le parchemin découvert dans son modèle réduit, ce dont il est bien incapable puisque ce document lui a été volé en même temps que son portefeuille ! Il parvient à se libérer et découvre être enfermé au château de Moulinsart, prisonnier des frères Loiseau. Après avoir eu affaire au serviteur des deux frères, le valet Nestor, Tintin parvient à s'échapper, puis à faire arrêter les deux frères criminels.

Finalement, Tintin, aidé par les Dupondt, retrouve son portefeuille contenant un des trois documents du chevalier... et celui des frères Loiseau contenant les deux autres ! La superposition des trois inscriptions révèle la signification des signes mystérieux qui y sont portés. Il s'agit de la longitude et de la latitude d'une île, très probablement l'île où s'est échoué le chevalier. C'est vers cette île, vers l'épave de *La Licorne* qui se trouve à proximité, et peut-être le trésor qu'elle contient, que décident de se lancer

Tintin et Haddock. Ils donnent rendez-vous au lecteur, pour la suite de l'aventure, à l'album suivant.

Le Trésor de Rackham le Rouge

Un étrange petit bonhomme apparaît au début de l'album, le professeur Tournesol. Il essaie de convaincre Tintin et Haddock qu'un minuscule sous-marin de son invention est indispensable pour l'exploration de l'épave de *La Licorne*, immergée dans une région infestée de requins. Son appareil n'intéresse personne. Haddock va jusqu'à le lui écrire ! Qu'à cela ne tienne. Tournesol s'embarque clandestinement sur le cargo qui conduit les héros à pied d'œuvre. Il a emporté avec lui son minuscule sous-marin en pièces détachées. Enfin, les Dupondt rejoignent les héros au dernier moment. C'est donc toute l'équipe qui débarque sur l'île de l'ancêtre.

Haddock, sitôt le pied posé sur la plage, trébuche sur un obstacle qui dépasse du sable. Il découvre ainsi les vestiges de la barque qui a servi au chevalier pour se réfugier dans l'île ! Puis les héros découvrent un fétiche ressemblant étonnamment au capitaine ! C'est une effigie du chevalier réalisée par les indigènes et le montrant la bouche ouverte, probablement, nous dit Tintin, en train de s'écrier : « Que le grand cric me croque. » L'exploration de l'épave de *La Licorne* commence. Différents objets en sont remontés, dont de nombreuses bouteilles de rhum, ce qui fait la joie du capitaine ! Tournesol, lui, est plutôt intéressé par des fragments de parchemins découverts dans un vieux coffret... Mais, de trésor, point. Au moment où, découragés, les héros vont rentrer chez eux, Tournesol – qui n'entend pas, mais qui voit bien – aperçoit une croix au sommet de l'île ! Les héros croient toucher au but. Le trésor n'est-il pas enterré au pied de cette croix, « la croix de l'Aigle », comme le dit Tintin ? Hélas, ici encore, point de trésor !

Le retour des héros leur réserve pourtant une bonne surprise, et même trois !

La première, c'est le parchemin découvert dans les cales de *La Licorne*. Tournesol est parvenu à en reconstituer le texte. Il s'agit d'un document par lequel le roi Louis XIV fait donation au chevalier de Hadoque du château de Moulinsart.

La seconde bonne surprise est que le château est justement à vendre. Mais comment l'acheter ? Tournesol, enrichi par la vente de son petit sous-marin à l'armée, avance les fonds, et voici nos héros dans la demeure officielle des ancêtres du capitaine !

La troisième surprise est la meilleure. Tintin et Haddock découvrent dans les caves de Moulinsart une statue de saint Jean l'Évangéliste, surnommé « l'Aigle de Pathmos ». Tintin repère, sur le globe terrestre posé au pied du saint, l'île minuscule où les héros se sont rendus. Il pose son doigt sur ce point... le globe s'ouvre... et révèle le trésor de Rackham « valant plus de dix fois la rançon d'un roi », que le chevalier y avait caché. La dernière page de l'album montre la salle de marine du château transformée en musée et dévoilant les vestiges retrouvés dans *La Licorne*. Le dernier mot revient à Tournesol : « Et c'est le moment où jamais de citer le proverbe *Tout est bien qui finit bien !* »

C'est donc autour d'un trésor mystérieux que sont noués, dans ces deux albums successifs, les fils complexes de l'aventure. Or, si ces fils sont pour une part nécessaires à l'intrigue, ils lui sont pour une autre part inutiles. D'ailleurs, alors que certains de ces fils sont dénoués par Hergé, d'autres paraissent abandonnés par lui sans mode d'emploi. Ce sont justement ceux-ci que je vais m'employer à démêler ici. Mais auparavant, il n'est pas inutile, afin de rendre sensible au lecteur le caractère extraordinairement personnel de l'aventure où Hergé engage alors ses héros, d'en rappeler les circonstances.

On a de la peine à imaginer, aujourd'hui, l'originalité de la démarche de Hergé qui lance, en 1942, ses héros dans une quête généalogique. La recherche des ancêtres est en effet devenue depuis une dizaine d'années un passe-temps courant pour nombre d'entre nous. Il existe des clubs, des revues et des rencontres de généalogistes amateurs, et nombreux sont les quotidiens ou hebdomadaires qui ont été amenés à développer des rubriques « généalogistes » pour répondre aux attentes de leurs lecteurs. Mais Hergé, lorsqu'il confronte Haddock à la découverte d'un mystérieux coffre ayant appartenu à un lointain ancêtre, vit une autre époque. Son inspiration, alors, n'est portée par aucun engouement collectif ; elle ne correspond pas à un goût de son public ; elle lui est absolument personnelle. Or cette quête généalogique est essentielle dans *Les Aventures de Tintin* pour au moins trois raisons : elle marque un bouleversement dans l'attitude du capitaine qui, de hostile et antipathique, devient sympathique ; un personnage nouveau apparaît, destiné à devenir le troisième et dernier membre du trio hergéien, le professeur Tournesol ; enfin, cette aventure aboutit à l'acquisition du château de Moulinsart, qui

(Les Sept Boules de cristal)

C'est au fil du dénouement de la quête généalogique du capitaine Haddock que les héros hergéiens acquèreront une demeure commune - le château de Moulinsart - qui les constituera en vraie "famille".

devient à partir de ce moment la demeure commune officielle des héros.

Revenons-en maintenant à ces fils tissés par Hergé et si bien emmêlés par lui : car avec ces aventures, et de façon exceptionnelle dans son œuvre, Hergé accumule les pistes brouillées et les informations inexploitées.

La fin du *Trésor de Rackham le Rouge* nous a donc appris que le château de Moulinsart a été offert au chevalier de Hadoque par le roi Louis XIV. Nous avons découvert du même coup que ce somptueux cadeau a été fait au chevalier avant son affrontement avec le pirate puisque le parchemin de la donation se trouvait à bord de *La Licorne* au moment où le vaisseau a été coulé. Mais alors, comment expliquer que le chevalier, si généreusement pourvu par le roi Louis XIV, ne lui ait pas remis à son retour le trésor qu'il avait dérobé à Rackham ? C'est incompréhensible, sauf à imaginer que le chevalier ait été convaincu que le roi lui *devait beaucoup plus*. Le trésor dérobé à Rackham aurait alors été gardé par le chevalier comme un dédommagement mérité. Mais quel est donc le préjudice subi pour justifier le vol d'un trésor que Rackham dit valoir « dix fois la rançon d'un roi » ? Qu'est-ce que le chevalier a bien pu estimer que Louis XIV lui doive pour ignorer ainsi les lois relatives aux prises de guerre, le code d'obéissance et d'honneur de chaque sujet envers son roi, et toute reconnaissance envers le généreux donateur du château de Moulinsart ? La dette estimée par le chevalier ne peut être que considérable. En outre, le chevalier ne dépense pas le trésor dérobé à Rackham. Il le cache soigneusement dans les fondations de son château. Puis il imagine une incroyable histoire de parchemins cachés dans les mâts de trois modèles réduits de son vaisseau. La réunion des trois documents – qui est l'objet des aventures du *Secret de La Licorne* – indique les coordonnées de l'île où le chevalier s'est échoué. Mais cette île ne contient aucun trésor ! Et celui-ci est finalement découvert fortuitement dans les caves de Moulinsart par Tintin et Haddock à la fin du second album de l'histoire.

Moulinsart est donc le château à travers lequel Haddock retrouve le secret de ses origines. Il est en quelque sorte la « terre » de ses ancêtres, en tout cas la preuve de son origine noble en tant que descendant du chevalier « de Hadoque ». En outre, le certificat de donation signé de la main même de Louis XIV prouve le lien très fort ayant uni l'ancêtre du capitaine au plus grand des rois de France,

(Le Secret de La Licorne)

Le chevalier gardera pour lui le trésor dérobé à Rackham. En ne remettant pas à Louis XIV cette prise de guerre "valant dix fois la rançon d'un roi", de quelle offense Hadoque trouve-t-il ainsi réparation ?

puisque le chevalier y est gratifié par le roi de « notre cher et aimé François »… Intéressons-nous alors maintenant d'un peu plus près au lieu où le trésor est découvert, les « fondations » de Moulinsart. Littéralement, les « fondations » sont les « constructions et ouvrages destinés à assurer à leur base la stabilité d'une construction » (dictionnaire Robert). Mais, au sens figuré, ce mot désigne aussi l'action de fonder (c'est-à-dire de créer) une ville, un établissement, une institution… ou une lignée. D'ailleurs, le mot « maison », qui désigne littéralement un bâtiment d'habitation, désigne également au sens figuré une famille ou une lignée noble. Les « fondations » de la « maison » du chevalier où Tintin et Haddock découvrent le trésor désigneraient-elles alors les « origines » du chevalier de Hadoque, autrement dit l'identité du père de celui-ci ?

Intéressons-nous maintenant au mot « trésor ». Si son sens est d'abord matériel, il désigne par extension toute chose précieuse que « l'on amasse, l'on cache ou que l'on peut découvrir » (dictionnaire Robert). Alors, le « trésor » caché par le chevalier dans les fondations de sa « maison » ne serait autre que le secret d'une ascendance exceptionnelle. La donation au chevalier, par le roi Louis XIV, du magnifique château de Moulinsart nous met sur la voie de ce secret ; tout comme la précision, imaginée par Hergé, d'un trésor valant « dix fois la rançon d'un roi ». Sans aucun doute possible, et même si cela lui échappa, le chevalier de Hadoque est posé par le travail de Hergé comme un *fils bâtard et non reconnu du roi Louis XIV*. Ce fils non légitimé aurait « construit » l'histoire des parchemins et de « l'île au Trésor » où rien ne se trouve pour mettre sur la voie d'un autre secret. Secret « immatériel » celui-là, dont aucun document officiel ne peut attester, mais dont l'existence peut être extrapolée de l'ensemble des mises en scène imaginées par Hergé.

La tentation était grande, alors, de suivre la confidence

Notre cher et aimé François…" Les dates qui se laissent deviner sur le parchemin rendent plausible l'idée que le chevalier de Hadoque soit un fils non légitimé de Louis XIV.

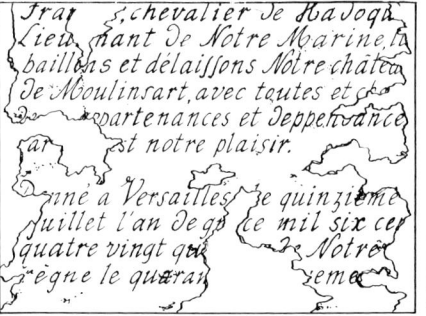

(Le Trésor de Rackham le Rouge)

de Hergé nous disant qu'Haddock, c'est lui-même... et de lui prêter les intentions qu'il a si bien mises en scène chez le chevalier : nous livrer – à son insu peut-être, la suite de nos réflexions devra y répondre – un message caché sur l'origine illustre de sa propre « maison », liée à l'existence d'un fils « bâtard » non reconnu par son père parmi ses propres ascendants. Telle est l'hypothèse que je développai, dès 1980, dans un article intitulé « Haddock et le fantôme du chevalier : la question du père dans les aventures de Tintin[1] ».

Cette interprétation ne reposait pas, encore une fois, sur une connaissance de la biographie familiale de Hergé, puisque celle-ci était alors totalement inconnue, mais uniquement sur une étude des vingt-quatre albums de *Tintin* disponibles dans le commerce. C'est ce qui en faisait l'originalité... mais aussi la fragilité. Avec une telle hypothèse, les difficultés ne faisaient que commencer !

La faiblesse principale de cette interprétation résidait dans l'absence de représentation explicite de père, légitime ou non, dans *Tintin*. Est-ce que cette absence de personnage paternel est le signe qu'un père, pour Hergé, doive – quelque part – rester secret ? Ou bien n'est-ce pas tout simplement le signe que Hergé se désintéressait de tels problèmes de filiation, et que je les avais moi-même inventés ? Or la réponse à cette question se trouve elle-même dans *Tintin* ! Hergé, en effet, a inscrit la présence d'un père secret et illustre à l'intérieur même de son œuvre, mais de manière cryptée. L'ancêtre royal, disais-je, n'est jamais désigné. Pourtant, cet ancêtre royal, absent de la syntaxe, est omniprésent sous la forme d'une séquence phonétique. Cette séquence, j'en avais identifié, en 1985, les trois signes fondamentaux sans en avoir trouvé la justification dans le texte de Hergé. Aujourd'hui, après de nouvelles recherches, c'est par cette justification que je peux commencer. Elle se trouve dans le seul album de Hergé concernant à la fois un personnage royal et une affaire de légitimité, *Le Sceptre d'Ottokar*. Dans cet album, il est en effet question d'une dynastie royale soumise chaque année à une épreuve rituelle. A défaut de pouvoir y satisfaire, le roi serait déchu.

Selon le dépliant touristique imaginé par Hergé sur la

La réconciliation entre le chevalier et son père Louis XIV est réalisée dans Le Temple *: le capitaine (qui, par le juron "Que le grand Cric me croque" s'identifie au chevalier de Hadoque), jure au "Fils du soleil" (qui représente le "Roi-Soleil" Louis XIV) de garder le secret sur ce qu'il sait.*

---

1. Ce texte dut attendre 1982 pour trouver place dans une revue, tant une recherche visant à comprendre Hergé à partir de son œuvre paraissait alors dénuée d'intérêt.

Syldavie, cette tradition remonterait à l'an 1360. Cette année-là, le roi Ottokar IV fut attaqué par l'un de ses barons qui voulait lui ravir son trône et son sceptre. Le roi évita l'agresseur d'un bond de côté, puis *lui asséna sur la tête un coup de sceptre qui l'étendit à ses pieds (...). Ensuite, il contempla longuement son sceptre et lui parla en ces termes : « O sceptre ! Tu m'as sauvé la vie. Sois donc désormais le signe suprême de la royauté syldave. Malheur au roi qui te perdra, car, je le proclame, celui-là ne serait plus digne de régner. »*

Et depuis, tous les ans, le jour de la Saint-Wladimir, les successeurs d'Ottokar IV font, en grande pompe, le tour de la capitale.

Ils tiennent à la main le sceptre historique sans lequel ils perdraient le droit de régner et le peuple, sur leur passage, chante l'hymne célèbre :

> *Syldave, réjouis-toi !*
> *Ce roi est notre roi :*
> *Son sceptre en fait foi.*

(*Le Sceptre d'Ottokar*, p. 21)

Voyons maintenant ce que Hergé imagine au sujet du fondateur de cette dynastie, le premier des « Ottokar » ;

En 1127, Hveghi, chef d'une tribu slave, descendit des montagnes à la tête d'une troupe de volontaires et s'empara des villages turcs isolés, massacrant tout ce qui lui résistait. Il se rendit ainsi rapidement maître d'une grande partie du territoire syldave (...) Les Turcs chassés, Hveghi fut élu roi sous le nom de Muskar, c'est-à-dire le Valeureux (de Muskh *: « valeur » et* Kar *: « roi ») (Le Sceptre d'Ottokar, p. 19).*

Or ce sont justement ces trois lettres *K, A* et *R* dont j'avais souligné, en 1985, et sans avoir remarqué ce passage, la présence dans la plupart des noms propres créés par Hergé dans son œuvre ! Ces trois lettres n'ont d'ailleurs certainement pas été choisies par Hergé au hasard. C'est en effet par le sigle *KRLS*, signifiant « Karolus », que Charlemagne signait ses missives. Charlemagne, autrement dit un très « grand roi », puissant comme Louis le Grand ou le Grand Inca, mais également exceptionnel par sa sagesse ; un roi, surtout, qui était probablement cité en modèle dans les manuels scolaires du début du siècle où le jeune Hergé découvrait l'Histoire...

Ainsi donc, Hergé introduisit les trois sons *K, A* et *R* comme le souvenir d'une présence royale dans la plupart

SYLDAVIE
ROYAUME DU PÉLICAN NOIR

PARMI les nombreuses régions enchanteresses qui attirent, à juste titre, les étrangers amateurs de pittoresque et de folklore, il est un petit pays, malheureusement trop peu connu, qui dépasse en intérêt beaucoup d'autres contrées. Isolé jusqu'ici, à cause de grandes difficultés d'accès, une ligne régulière d'avions le met à présent à la portée de tous ceux qu'attirent la beauté des sites sauvages, l'hospitalité proverbiale de ses habitants et l'originalité de ses coutumes médiévales qui ont subsisté là malgré les progrès du modernisme.
Ce pays est la Syldavie.
La Syldavie est un petit pays de l'Europe orientale qui se compose de deux grandes vallées, celles du fleuve Wladir et de son affluent le Moltus, lesquels se rejoignent à Klow, la capitale (122.000 habitants).
Ces vallées sont bordées de larges plateaux couverts de forêts, et sont entourées de hautes montagnes neigeuses.
Les plaines syldaves sont fertiles en blé et couvertes de grasses prairies d'élevage. Le sous-sol est riche en minerais de toutes sortes.
De nombreuses sources thermales et sulfureuses jaillissent du sol, et principalement à Klow (affections cardiaques) et à Kragoniedin (rhumatismes).
La population est évaluée à 642.000 habitants.
La Syldavie exporte du blé, de l'eau minérale de Klow, du bois de chauffage, des chevaux et des violonistes.

Histoire de la Syldavie

Jusqu'au VI° siècle, la Syldavie fut peuplée de tribus nomades dont on ignore l'origine.
Envahie au VI° siècle par les Slaves, elle fut conquise au X° siècle par les Turcs qui refoulèrent les Slaves dans les montagnes et occupèrent les plaines.
En 1127, Hveghi, chef d'une tribu slave, descendit des montagnes à la tête d'une troupe de volontaires et s'empara des villages turcs isolés, massacrant tout ce qui lui résistait. Il se rendit ainsi rapidement maître d'une grande partie du territoire syldave.
Un grand combat eut lieu dans les plaines du Moltus, à proximité de Zileheroum, capitale turque de Syldavie, entre l'armée turque et les troupes de Hveghi.
L'armée turque, amollie par une longue inaction, mal encadrée par des chefs incapables, ne résista pas longtemps et s'enfuit en grand désordre.
Les Turcs chassés, Hveghi fut élu roi sous le nom de Muskar, c'est-à-dire le Valeureux (de Muskh : « valeur » et Kar : « roi »).
La capitale, Zileheroum, devint Klow, c'est-à-dire Ville Reconquise (de Kloho : « conquête » et Ow : « ville »).

KLOW. — Garde du Trésor Royal.

Type de pêcheur des environs de Dbrnouk (côte sud de Syldavie).

← Paysanne syldave se rendant au marché.

Une vue de Niedzdrow, → dans la vallée du Wladir.

des noms propres qu'il imagina pour ses héros : la Castafiore bien entendu, le gorille Ranko de *L'Ile noire*, Alcazar, Ottokar, le *Karaboudjan* (le cargo dont Haddock est le capitaine dans *Le Crabe aux pinces d'or*), Rackham le Rouge, Rascar Kapac (la momie des *Sept Boules de cristal*) Huascar (le grand prêtre du soleil dans *Le Temple du soleil*) le sherpa Tharkey de *Tintin au Tibet*, Carreidas (le milliardaire puéril de *Vol 714 pour Sydney*), et les Picaros, pour ne citer que les principaux. Et son dernier album, *L'Alph'Art*, paru après sa mort dans l'état d'inachèvement où il l'avait laissé, semble encore bien plus que les autres jouer de ces trois lettres : dans son titre bien entendu, mais aussi dans les noms de « Sakarine », « Foucart », « Akass », « Ramo-Nash », ou « César ».

Par l'astuce des constructions phonétiques imaginées par Hergé, le mot « roi » est donc omniprésent dans son œuvre. La preuve de cette présence – à travers les trois sons *K, A* et *R* – est donnée par Hergé lui-même, hors case et même hors aventure, dans le dépliant touristique qui occupe trois pleines pages du *Sceptre d'Ottokar* !

Mais il manquait encore à mon interprétation la confirmation ultime, celle qui aurait été le point de départ de toute la démonstration dans une recherche psychanalytique classique : l'élément de la biographie de Hergé qui puisse confirmer mon hypothèse initiale, l'existence d'un enfant d'origine illustre non reconnu par son père parmi ses ascendants.

2

LE SECRET DANS LA FAMILLE DE HERGÉ

*Marie Dewigne,
1860-1901.*
(Coll. Hervé Springael)

En 1987 et 1988 parurent deux ouvrages essentiels à la compréhension de la biographie familiale de Hergé : *Avant Tintin* de Hervé Springaël, et *Hergé, portrait biographique* de Thierry Smolderen et Pierre Sterckx. Tous deux apportaient la même précieuse – et combien inattendue ! – confirmation à mes hypothèses : le père de Hergé est né, en même temps qu'un jumeau, d'une certaine Marie Dewigne qui devint, par cette double naissance, fille-mère. Les deux frères ont porté jusqu'à onze ans le nom de « Dewigne » avant d'être légitimés, grâce à un mariage blanc, par un ouvrier du nom de « Remi ». Quant au grand-père secret, son identité n'a, semble-t-il, jamais été révélée, mais il fut dans la famille Remi l'objet d'une considération extrême !

Hervé Springaël (1987) a choisi de nous présenter le résultat de ses recherches sous la forme d'un dialogue avec un personnage imaginaire dont l'initiale est « T ».

H.S. : *« Le 8 septembre 1882, Marie Dewigne quitte le domicile de ses parents à Uccle, pour s'installer au numéro 2 de la rue de Fiennes, à Anderlecht.*

Elle est célibataire et enceinte...

T. : *?...*

H.S. : *Peu après, le 1ᵉʳ octobre 1882, elle donne le jour à deux garçons : Alexis et Léon. Déclarés de père inconnu, ils porteront le nom de leur mère.*

Marie Dewigne est femme de chambre chez la comtesse Errembault de Dudzeele. Les jumeaux passent toute leur enfance en compagnie de leur maman, dans la propriété de la comtesse, à Chaumont-Gistoux, village situé à une trentaine de kilomètres au sud-est de Bruxelles...

T. : *Dans le Brabant wallon, comme Moulinsart !*

H.S. : *N'anticipons pas trop !*

La comtesse a passé sa jeunesse aux États-Unis, en Virginie. Elle a connu l'époque de l'esclavage, la guerre de Sécession et en parle souvent aux enfants.

Grâce à cette même personne, les petits Dewigne sont toujours correctement habillés et font des études jusqu'à l'âge de quatorze ans, chose rare en ces temps de scolarité non obligatoire. Souvent, Alexis et Léon parleront à leurs proches de la « bonne » comtesse de Dudzeele. Par contre, il ne sera jamais question du comte ! [...] Le 2 septembre 1893, Philippe Remi, ouvrier imprimeur de vingt-trois ans, épouse Marie Dewigne, de dix ans son aînée. Il reconnaît les enfants, qui auront bientôt onze ans, et devient – légalement du moins – leur père. Ceux-ci se nommeront donc désormais Alexis et Léon Remi. Comme il s'agit d'un mariage blanc, les époux ne vivront pas ensemble. Évidemment, il n'est pas interdit de penser que la comtesse n'est, une fois de plus, pas étrangère à tout ceci. »

Quatorze ans plus tard, Alexis Remi aura un garçon à qui il donnera le prénom de « Georges » et qui deviendra célèbre sous le pseudonyme de « Hergé ». Mais, auparavant, le jeune Georges Remi aura été soumis à un bien étrange mystère :

H.S. : *Lorsque Marie-Louise, fille de Léon Remi, interrogera son illustre cousin sur l'identité de leur grand-père, il répondra généralement par une boutade du genre : « Notre grand-père, c'était quelqu'un qui passait par là ! »...*

Un jour, cependant, il lui déclarera, comme pour couper court à la conversation : « Je ne te dis pas qui est notre grand-père, parce que cela pourrait te monter à la tête ! »...

Quant à Philippe Remi, lequel vivra jusqu'en 1941, Hergé ne le rencontrera jamais.

T. : *Je suppose que Hergé, en dehors du cadre familial, ne parlera pas de tout ceci ?*

H.S. : *En effet, même des amis intimes ne seront pas au courant... »*

Thierry Smolderen et Pierre Sterckx, en 1988, nous présentent, quant à eux, les choses de façon plus romancée. Écoutons-les :

« Lisa Remi (c'est-à-dire la mère de Hergé) se demande parfois quel genre d'homme pouvait être le père d'Alexis et de Léon. Ils sont nés d'une fille-mère, Marie Dewigne, qui a toujours préservé le secret et qui travaillait chez une dame de la noblesse. Toute la famille se pose pourtant la question : pourquoi la baronne de Dutzeel a-t-elle à tout prix voulu unir par un mariage blanc sa servante à l'un de ses ouvriers, un certain Remi ? Il est toujours vivant, ce brave homme, mais on ne l'a jamais vu ! Bizarre façon de sauver les apparences ! Et pourquoi donc la baronne aurait-elle payé de beaux vêtements à Léon et Alexis jusqu'à leurs quatorze ans ? Le mystère de l'identité du père des jumeaux reste donc entier. Souvent, on

dit : « *Le grand-père ? C'était quelqu'un qui passait par là.* » *Mais parfois aussi, les jumeaux déclarent aux enfants sur un ton de légende :* « *On ne vous dira pas qui était votre grand-père, cela vous tournerait la tête.* »

Nous voyons que ces deux versions présentent une différence. La « comtesse Errembault de Dudzeele » chez Hervé Springaël devient « baronne de Dutzeel » chez Smolderen et Sterckx[1]. Mais cela n'a pas beaucoup d'importance, tout au moins pour ce que nous pouvons aujourd'hui comprendre des effets de cette situation sur Hergé.

Dans la continuité de ses « révélations », Hervé Springaël nous proposait dans le même ouvrage une reconstruction de l'arbre généalogique de Hergé. J'ai appris depuis que les premières informations sur cette généalogie étaient parues dans une petite brochure intitulée *L'Intermédiaire des généalogistes/De Middelaar Tussen de genealogische navorsers*, numéro 225 de mai/juin 1983, soit près d'un an après la publication de mes hypothèses[2]. J'ai choisi de reproduire intégralement la page 162 de cette revue, consacrée à l'ascendance paternelle de Georges Remi, dit Hergé. Il est à noter que cette parution ne s'est accompagnée, alors, d'aucun commentaire. Je le fais suivre d'une reconstruction simplifiée de l'arbre généalogique de Hergé.

Ainsi le père de Hergé était-il un enfant illégitime que la légende familiale désignait pour être d'ascendance illustre, voire noble, et même royale ! La construction par Hergé, autour du chevalier de Hadoque, du secret d'une filiation royale mais inavouable, se révèle ainsi constituer l'exacte transposition d'un secret familial indicible. Alexis et Léon se trouvaient par rapport à leurs origines et à leur patronyme dans la même situation que celle que j'avais décrite, en 1982, pour être celle du chevalier de Hadoque : partie prenante d'un secret dont le dernier mot devait rester ignoré, tout en jouant un rôle capital dans l'histoire et dans l'identité familiale. Quant à Hergé, il se trouva vraisemblablement très longtemps vis-à-vis de ce secret comme le capitaine Haddock lui-même vis-à-vis de celui de son ancêtre. C'est-à-dire soumis à des informations partielles, mystérieuses, contradictoires...

1. D'après Pierre Sterckx lui-même, c'est Hervé Springael qu'il faudrait suivre parce qu'« il a vérifié tous les détails de ce que les divers témoins nous ont conté » (correspondance privée, déc. 1991).

2. Je remercie Benoit Peeters qui, sachant que j'avais cet ouvrage en préparation, m'a fait connaître ce document en mai 1991.

GÉNÉALOGIE DE GEORGES REMI, DIT HERGÉ [1]

REMI, Joseph	DE LEENER, Marie-Françoise	JUDO, Guillaume	SPRINGAEL, Josine	DEWYN, Jean-François, jardinier. Né à Bonlez en nivôse an 8. Mort...	LEBRUN, Marie-Barbe. Née à Chaumont-Gistoux 13-8-1800. Morte...	BIDOUL, Jean-Baptiste, tisserand. Né à Thorembais-les-Béguines 2 thermidor an 8. (21-7-1800). Mort...	JORDANS, Marie. Née à Bruxelles, 2 brumaire an 9 (24-10-1800). Morte à Dion-le-Mont 8-6-1844.

Mariés à Chaumont-Gistoux 20-5-1827.   Mariés à Dion-le-Mont 17-4-1826.

REMI, Henri, plombier. Né à Uccle 4-2-1834. Mort à Uccle 16-7-1893.	JUDO, Anne-Catherine, ménagère. Née à Uccle 30-9-1835. Morte à Uccle 5-9-1908.	DEWYNE puis DEWIGNE, Jean-Baptiste, jardinier. Né à Chaumont-Gistoux 1-11-1827. Mort à Uccle 2-9-1912 (rue de Forest, 117).	BIDOUL Constance, Née à Dion-le-Mont 6-2-1832. Morte à Uccle 30-6-1905 (rue de Forest, 117).

Mariés à Uccle, 5-11-1855   Mariés à Dion-le-Mont 24-4-1856.

REMI, Philippe Eugène, ouvrier imprimeur (1893), puis ouvrier électricien (1905). Né à Uccle, 9-1-1870. Mort le 8-1-1941. Marié 1° : Ixelles 2-9-1893 **Marie-Barbe Léonie DEWIGNE** ci-contre ; 2° : **Célestine-Albertine VERSLUYS** ; 3° : **Eugénie-Louise LAVAUX**	DEWIGNE, Marie-Barbe Léonie, femme de chambre. Née à Chaumont-Gistoux 3-6-1860. Morte à Saint-Gilles 30-10-1901 (rue Jourdan, 102).

REMI, Alexis Victor,
employé (1905),
représentant de commerce (1935), administrateur
de société (1963), chevalier de l'Ordre de Léopold II.
Né à Anderlecht 1-10-1882, légitimé en 1893.
Mort à Ixelles 6-6-1970 (place E. Flagey, 26).
Marié à Etterbeek 18-3-1905.

REMI, Georges Prosper, dit « Hergé »,
auteur dessinateur, officier de l'Ordre de la Couronne.
Né à Etterbeek 22-5-1907 (rue Cranz, aujourd'hui
rue Philippe-Bancq, 25).
Mort à Woluwe-Saint-Lambert 4-3-1983.
Marié 1° : Bruxelles (2e district) 20-7-1932.
Germaine Hélène Henriette Léontine KIECKENS.
Née à Laeken 7-5-1906, fille de Richard et d'Albertine
LANGERHAERDT ; mariage dissous 28-3-1977 ;
Marié 2° : Uccle 20-5-1977.
Fanny-Georgette VLAMYNCK.
Née à Schaerbeek 1-8-1934,
fille d'Albert et de Georgette **FLOSS**.

---

1. *L'Intermédiaire des généalogistes*, n° 225, mai-juin 1983, p. 162.

De tels secrets ne sont pas rares dans les familles. Leurs prétextes sont très nombreux et varient selon chaque société dans la mesure où les comportements réprouvés changent selon les époques et les groupes sociaux. Toute liste en est donc forcément limitative. Cependant, parmi les événements générateurs de secrets, on trouve le plus souvent ceux qui tournent autour de la mort et de la filiation : les infanticides, les avortements clandestins (d'ailleurs pendant très longtemps assimilés aux précédents), les enfants nés hors mariage ou avant mariage, ceux résultant d'inceste ou de viols, ceux nés avec une malformation « honteuse » que leurs parents ont cherché à cacher, ainsi que les enfants adoptés que leurs parents adoptifs ont cherché à faire passer pour des enfants naturels, en général pour cacher une stérilité... Mais on trouve également comme cause de secrets possible toutes les situations d'adultère (éventuellement avec enfants non reconnus légalement mais bénéficiant de faveurs, notamment testamentaires), les fortunes frauduleuses ou dilapidées, la prison et les internements psychiatriques vécus dans la honte... et cette liste n'est pas limitative !

Par ailleurs, si la plupart des secrets sont liés à des événements privés, il ne faut pas oublier que la famille est partie prenante de la société et que certaines situations collectives peuvent elles aussi déterminer des secrets. Par exemple, le sida aujourd'hui peut conduire à créer des secrets[1]. L'important est que l'événement inaugural du secret soit toujours un événement vécu avec peine, douleur ou honte, autrement dit un événement « traumatisant ».

Dans ces secrets, c'est parfois la honte qui est au premier plan. Elle peut alors se trahir par une gêne manifestée par le porteur de secret toutes les fois où une conversation, familiale ou amicale, porte sur le sujet douloureux ; ou encore lorsque ce sujet est évoqué dans un film ou une émission télévisée ; ou même lorsque le porteur du secret traverse une région présentant une correspondance – géographique, historique, ou même seulement phonétique – avec le secret douloureux...

Enfin, de tels secrets familiaux sont très répandus ! On en trouve même un dans le fameux mythe d'Œdipe sur lequel Freud s'est appuyé pour créer le complexe du même nom. Pour Freud, en effet, tout être humain, à l'image du

---

1. Sur les causes des secrets familiaux liées à des événements privés ou à des événements collectifs, voir S. Tisseron, *Tintin et les secrets de famille*, Séguier 1990 (réédition Aubier, 1992).

Georges Remi (Hergé)
en 1924
(Coll. Hervé Springael)

personnage d'Œdipe de la tragédie grecque, désire garder pour lui seul son parent de sexe opposé, et envisage volontiers pour cela la mort du parent de même sexe ! Pourtant Freud, en retenant cette version (ici très simplifiée) du mythe grec, en a popularisé une version singulièrement édulcorée ! En effet, bien que Freud ait choisi de faire débuter son analyse du mythe avec l'apparition du héros Œdipe, celui-ci se trouve pris, dès avant sa naissance, dans un secret familial autour d'une faute commise par son père Laïos. Ce père avait en effet perdu de bonne heure son propre père, le roi Labdacos. Il avait alors cherché refuge auprès du roi Pelops. Là, il conçut une passion pour le fils de Pelops, le jeune Chrysippe, « inventant ainsi (au moins selon certains) les amours contre nature. Il enleva le jeune homme et fut maudit par Pelops. Chrysippe, de honte, se suicida[1] ». A la suite de cette faute, Laïos se vit interdire par Dieu de procréer. Il passa outre, engendrant Œdipe. Mais, pris de terreur, il le fit abandonner par un serviteur. Ainsi les événements tragiques qui frappent Œdipe ont-ils leur origine dans une faute commise par son père Laïos : le rapt d'un jeune fils à son hôte, le viol homosexuel de celui-ci, et, si on en croit la légende, la mort suicidaire de la victime qui s'ensuivit. Or Œdipe va répéter de façon déformée chacune de ces situations : Laïos avait séduit le fils de son père adoptif qui s'était suicidé ! Œdipe accomplit la malédiction du père de Chrysippe et assassine le violeur ! Son père a voulu le tuer ? Il tue sans le savoir son père ! Enfin, vengeant encore d'une autre façon Laïos et Chrysippe, il séduit la femme du violeur, puis provoque le suicide de celle-ci...

Œdipe, à la fin de la pièce, appelle à témoin la population de Thèbes sur la malédiction dont il est la victime et se crève les yeux, tentant ainsi d'échapper à la honte de ses actes que lui renvoient les regards de ceux qui l'entourent. C'est que tout secret familial, par la honte qui l'accompagne (et la honte, dans le cas de Hergé, concernait le statut de fille-mère de sa grand-mère Marie Dewigne), contient la nécessité d'un « appel à témoin ».

A la lumière de ces précisions, nous pouvons maintenant mieux caractériser le secret qui pesa sur le père de Hergé, puis sur Hergé lui-même.

1. Ce secret était honteux. Une grossesse hors mariage, à la fin du siècle dernier, n'était pas aussi couramment admise qu'aujourd'hui. Mais il était aussi glorieux, du fait

1. Grimal P., 1969.

ARBRE GÉNÉALOGIQUE SIMPLIFIÉ DE HERGÉ

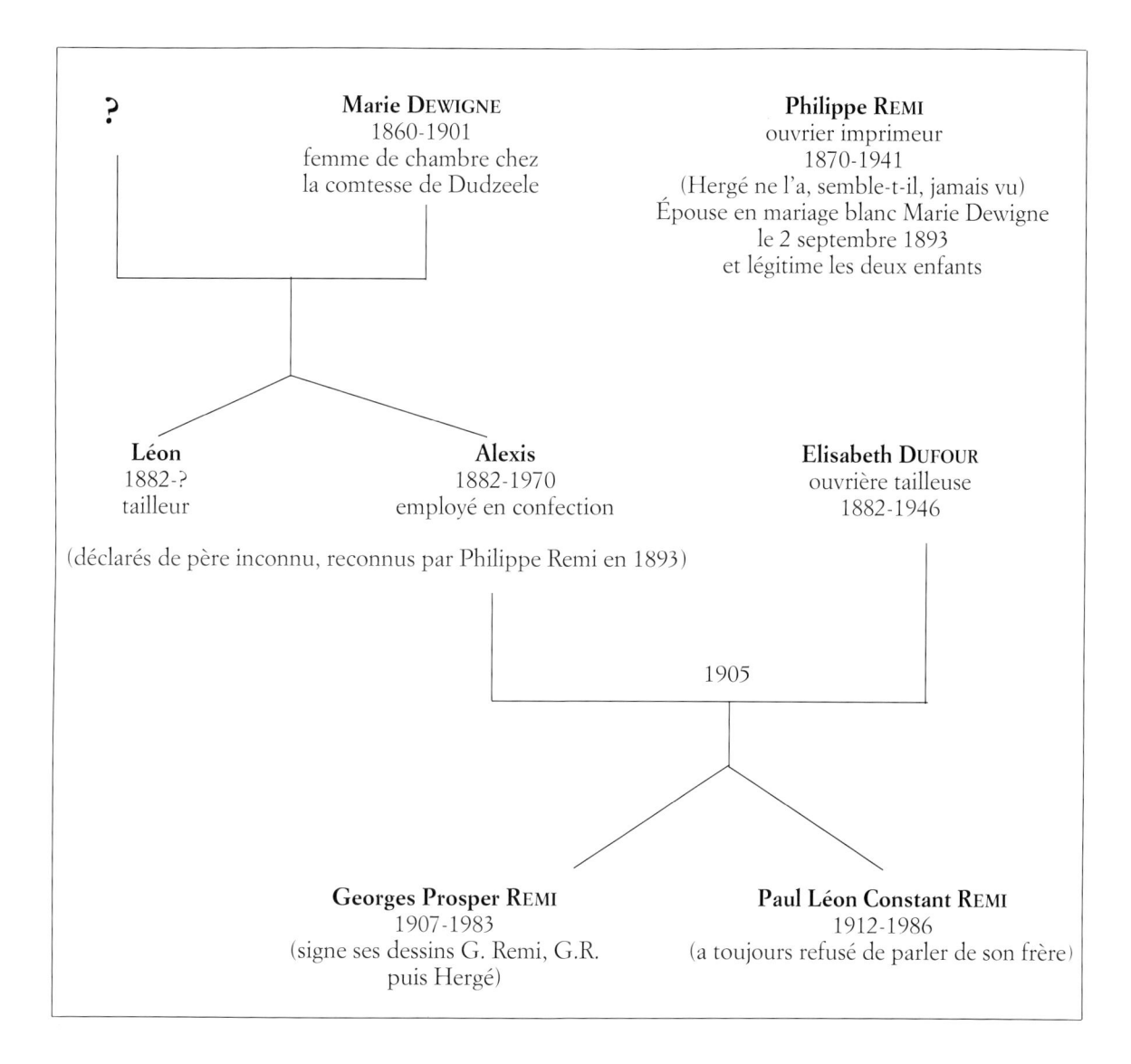

```
?          Marie DEWIGNE              Philippe REMI
           1860-1901                  ouvrier imprimeur
           femme de chambre chez      1870-1941
           la comtesse de Dudzeele    (Hergé ne l'a, semble-t-il, jamais vu)
                                      Épouse en mariage blanc Marie Dewigne
                                      le 2 septembre 1893
                                      et légitime les deux enfants

   Léon              Alexis              Elisabeth DUFOUR
   1882-?            1882-1970           ouvrière tailleuse
   tailleur          employé en confection   1882-1946

(déclarés de père inconnu, reconnus par Philippe Remi en 1893)

                              1905

        Georges Prosper REMI            Paul Léon Constant REMI
        1907-1983                       1912-1986
        (signe ses dessins G. Remi, G.R.    (a toujours refusé de parler de son frère)
        puis Hergé)
```

de l'identité probablement prestigieuse du géniteur secret, et surtout du fait que cette identité était en quelque sorte officialisée par la générosité de la comtesse de Dudzeele.

2. Ce secret concernait un événement totalement privé. Mais les vêtements offerts par la comtesse aux jumeaux lui donnaient une existence sociale. Il est d'ailleurs probable que le cadeau de ces vêtements, en contradiction avec leur origine modeste, contribua au poids du secret pour les jumeaux sans rien résoudre de son mystère, et

qu'ils eurent, dans leur enfance, à souffrir du sobriquet de « bâtard » !

3. Le dernier mot du secret – le nom du géniteur des jumeaux – était impossible à révéler publiquement, et même sans doute Marie Dewigne ne l'a-t-elle jamais confié aux jumeaux de peur qu'ils ne le trahissent. Marie Dewigne connaissait ce nom, et peut-être lui arrivait-il d'y rêver – ou de le maudire ! – en secret. L'intensité de tels moments où leur mère était déchirée entre des sentiments contradictoires également violents ne pouvait pas échapper aux jumeaux, même si la raison de tels déchirements leur restait inconnue... En outre, nous pouvons nous demander dans quelle mesure la sollicitude de la comtesse ne fut pas la contrepartie du silence gardé par Marie Dewigne, y compris auprès de ses propres enfants ! Ce silence aurait été le prix à payer pour que les jumeaux bénéficient de l'aide matérielle de la comtesse, puis du mariage blanc qui leur donna le nom de Remi. Autrement dit, Marie Dewigne n'aurait pas été totalement libre de parler.

Nous allons voir maintenant que Hergé n'a pas seulement constitué avec *Tintin* un équivalent romanesque et heureux de ce drame familial. Il a aussi utilisé son œuvre pour exorciser les figures historiques du secret telles qu'il avait pu, enfant, les imaginer ; et également pour faire montre des interrogations qui avaient pu – et pouvaient toujours – être les siennes. Sur ce chemin, il a témoigné de ce qu'il percevait, ou imaginait, des difficultés propres rencontrées à chaque génération du secret. Et, ce faisant, il transforme chaque lecteur de *Tintin* en témoin inconscient, mais attentif, de ce drame.

3

LES TROIS GÉNÉRATIONS DU SECRET DANS *TINTIN*

À l'origine du secret, il y a Marie Dewigne, la grand-mère paternelle de Hergé, et la mystérieuse comtesse de Dudzeele. Nous allons voir comment ces deux femmes – ou plutôt ce que Hergé pouvait en imaginer à partir du secret familial qui l'entourait – participent du personnage de la Castafiore.

Ensuite, à la seconde génération du secret, il y a les frères jumeaux, Alexis et Léon, le père et l'oncle de Hergé. Ce sont les deux Dupondt qui sont chargés de les représenter ; ou, plus précisément, les deux policiers représentent la partie des jumeaux Alexis et Léon aux prises avec le secret de leur mère.

Enfin, à la troisième génération du secret, il y a son porteur malgré lui, porteur également de la souffrance des générations précédentes. Dans le cas de la famille Remi, Hergé, le fils aîné d'Alexis, occupe cette place. Dans *Tintin*, cette troisième génération du secret est représentée par trois personnages absolument complémentaires : le jeune reporter, le capitaine Haddock et le savant Tournesol.

LA PREMIÈRE GÉNÉRATION DU SECRET : LA CASTAFIORE

La Castafiore fait son apparition dans *Le Sceptre d'Ottokar*, donc en même temps que le seul personnage royal mis en scène dans l'œuvre de Hergé, et dans le seul album où se trouve l'explication des trois lettres *K, A* et *R* pour désigner l'ancêtre énigmatique et prestigieux. Signalons encore que la chanteuse apparaît pour la première fois vêtue d'un manteau d'astrakan, c'est-à-dire en quelque sorte recouverte des trois lettres *K, A* et *R* présentes dans le nom de cette fourrure !

Sa seconde apparition est plus troublante encore. La Castafiore chante face au roi et à sa cour. N'est-ce pas une scène de séduction ? Telle est peut-être la pensée secrète de Hergé qui fait chuter Tintin, habituellement si habile, sitôt qu'il a réussi à entrevoir cette scène troublante ! D'ailleurs, la Castafiore n'est-elle pas à sa façon un « reine » dans son métier – c'est un peu ce qui sera dit d'elle dans *Les Bijoux* – et donc digne d'être l'épouse d'un roi ? En tout cas, même si on se refuse à envisager cette scène comme une scène de séduction, il n'en reste pas moins que l'ancêtre illustre (désigné par les lettres K, A et R) et la chanteuse non moins illustre apparaissent dans le même album, c'est-à-dire en même temps. Et ce « même temps », si nous le considérons dans la succession des générations et non plus dans celle des albums, signifie que l'ancêtre et Bianca Castafiore appartiennent à la même génération.

Mais, surtout, la Castafiore emporte partout avec elle, dès sa première rencontre avec Tintin, une espèce de double identité. Chanteuse, elle semble ne connaître qu'un seul rôle, celui de « Marguerite », l'héroïne de *Faust*, l'opéra que Gounod composa à partir de la célèbre tragédie écrite par Goethe. Plus précisément, plutôt qu'à la Marguerite de l'opéra de Gounod, c'est à la Marguerite interprétant « l'air des Bijoux » qu'est constamment identifiée la chanteuse.

Dans la voiture qui la conduit sur les routes de Syldavie, la Castafiore se présente en effet à *Tintin* en interprétant le fameux air, celui-là même qu'elle chante plus tard au château du roi. Elle y est revêtue d'abord du fameux manteau d'astrakan puis d'une robe de soirée. Mais la plupart de ses réapparitions ultérieures se feront en « costume de Marguerite », précisément avec la robe que porte l'héroïne de Gounod au moment de l'air des Bijoux.

En effet, lorsque la Castafiore réapparait dans *Les Sept Boules de cristal*, c'est en interprète du « grand air des Bijoux » de Faust, au Music-Hall Palace cette fois.

Dans *L'Affaire Tournesol*, c'est à nouveau dans un opéra qu'elle intervient ; celui de Szohöd, où, d'après le policier en civil accompagnant les héros, elle est « sublime dans le rôle de Marguerite de Faust ». Et c'est là également qu'elle est présentée pour la première fois à Haddock.

Après une brève apparition sur le pont du yacht de Rastapopoulos dans *Coke en Stock*, la chanteuse obtient

(Le Sceptre d'Ottokar)

La première apparition de la Castafiore la désigne clairement comme appartenant à une autre génération que celle de Tintin.

finalement d'elle, à la fin de cet album, qu'elle n'a quitté Tintin, Haddock et Tournesol que pour recevoir une nouvelle consécration, mais cette fois, dans un autre rôle que celui de Marguerite, et dans un autre opéra, puisqu'il s'agit de *La Gazza Iadra*.

Enfin, c'est une dernière fois sous les traits de la Marguerite de Gounod qu'elle choisira de mettre en scène sa défense au procès qui lui est fait dans *Tintin et les Picaros*. Elle enchaînera à sa dénonciation des documents « fabriqués de toutes pièces » l'air fameux et terrible, provoquant l'évacuation de la salle d'audience !

Cette insistance mise par Hergé à lier le destin de son unique personnage féminin avec celui d'une héroïne d'un opéra très connu pose problème. Non seulement c'est exceptionnel dans le monde de la bande dessinée, mais en plus Hergé y est si bien parvenu que la représentation de la Castafiore est maintenant inséparable, pour de nombreuses personnes, de « l'air des Bijoux »... même si, bien souvent, celui qui opère ce rapprochement ignore que le fameux air est tiré de l'opéra *Faust* de Gounod ! A tel point que quand on voit la Castafiore, on croit entendre l'air... et que quand on l'entend, on pense inévitablement à la Castafiore !

Enfin, au-delà de cette double identité de l'unique héroïne de Hergé, il est remarquable que ce soit par *un changement de vêtements* que celle-ci se manifeste. Tout comme l'origine prestigieuse des jumeaux Alexis et Léon – c'est-à-dire en définitive leur double identité – était révélée par les vêtements offerts par la comtesse, l'insistance de Hergé à faire paraître la Castafiore en Marguerite pourrait bien nous révéler une « double identité » de sa seule héroïne.

La Castafiore apparaît en même temps que le seul personnage royal mis en scène dans l'oeuvre de Hergé.

(Le Sceptre d'Ottokar)

Les figures de la Castafiore

■ « Marguerite » séduite et abandonnée

Dans l'opéra de Gounod, Marguerite est une femme issue d'un milieu modeste qui tombe amoureuse d'un beau jeune homme. Elle croit qu'il s'agit d'un prince alors qu'il ne s'agit que de Faust rajeuni par le diabolique Méphisto. Ce dernier, afin de favoriser la rencontre de Faust et de Marguerite, cache dans le jardin de la belle un coffret contenant des bijoux. Celle-ci le découvre et se pare des joyaux aussitôt. Le fameux air (« Ah, je ris de me voir si belle en ce miroir… ») correspond à l'intense bonheur de ce moment : Marguerite, en même temps qu'elle contemple son image ainsi parée dans le miroir, se réjouit de la certitude de pouvoir maintenant séduire Faust. Elle chante :

> *Ah, s'il me voyait ainsi,*
> *il me trouverait belle,*
> *comme une demoiselle,*
> *comme la fille d'un roi*
> *qu'on salue au passage...*

Ainsi, tout comme Marie Dewigne, Marguerite – dont le prénom sonne d'ailleurs phonétiquement comme « Marie Dewigne » –, s'éprend d'un homme d'une condition sociale très supérieure à la sienne. Mais la comparaison ne s'arrête pas là. Car, acceptant la séduction de Faust, Marguerite devient elle aussi enceinte en dehors de tout lien marital !

Ce rapprochement est bien plus qu'une coïncidence. En effet, lorsque Tintin et Haddock rencontrent la cantatrice dans *L'Affaire Tournesol*, celle-ci les accueille avec la robe qu'elle porte dans « l'air des Bijoux », en déclarant : « Pour recevoir mes admirateurs, j'ai remis la plus belle robe de Marguerite ». Comment Hergé, tellement au courant des changements de costume de Marguerite et de leur signification dramatique dans *Faust* aurait-il pu ignorer quoi que ce soit du livret de cet opéra ?

Pourtant, cette image de la Castafiore représentant une Marie Dewigne séduite et abandonnée n'exclut pas d'autres interprétations. J'en proposerai trois autres, toutes parfaitements complémentaires.

■ La « chaste fleur » innocente et abusée

L'important travail de Benoit Peeters autour de l'album *Les Bijoux de la Castafiore* nous aiguille sur cette autre hypo-

(L'Affaire Tournesol)

Hergé montre qu'il est au courant du déroulement de l'opéra de Gounod. "La plus belle robe de Marguerite", c'est aussi celle du plus beau moment de son amour impossible.

thèse, à vrai dire parfaitement complémentaire de la précédente. Son analyse méthodique de cet album met en effet à jour une importante thématique sexuelle centrée sur la question de la virginité de la Castafiore, et la qualité de l'événement qui recouvre le faux-vrai vol des bijoux. La Castafiore a-t-elle été victime d'un « vol » ou d'un « viol » ? Cette thématique, assez limitée dans son intérêt si on la considère de façon isolée, s'éclaire d'un jour nouveau si on la replace dans le cadre du questionnement transgénérationnel. Alexis et Léon pouvaient en effet se poser la question : leur mère Marie Dewigne avait-elle bien été séduite puis abandonnée ? N'avait-elle pas été plutôt violée ? Nous ne serons pas étonnés d'apprendre que ce soient justement des jumeaux qui soulèvent cette hypothèse, les Dupondt eux-mêmes, comme nous le verrons à propos de ces deux personnages.

■ La génitrice malheureuse

J'ai proposé en 1985 une troisième hypothèse que rien aujourd'hui ne paraît démentir. Je faisais alors des pertes et retrouvailles alternées de ses bijoux par la Castafiore l'équivalent d'un jeu d'éloignements et de rapprochements successifs. Dans ce jeu, la Castafiore n'était pas dans le rôle d'une mère porteuse d'un secret, mais dans celui d'une femme ayant élevé seule son (ou ses) fils chéri(s) né(s) de père illustre (c'est-à-dire ses « bijoux », ou encore ses « trésors », comme une mère dit « mon trésor » pour désigner son enfant). Elle ne pouvait alors pas se résoudre à laisser partir ces témoignages de ses amours illustres dont ils avaient été les seuls lendemains...

■ La comtesse fautive

Le cadeau rituel des vêtements aux jumeaux et leurs études payées jusqu'à leurs quatorze ans désignent la mystérieuse comtesse comme une seconde mère du père et de l'oncle de Hergé. Cette « seconde » mère peut d'ailleurs, dans le fantasme, facilement devenir la première. Et les rêveries inconscientes – ou même peut-être conscientes – des deux jumeaux ont pu les amener à cette question : ne seraient-ils pas les enfants non reconnus de la comtesse, nés de parents nobles – voire d'un père royal ! –, puis confiés, comme dans les contes de fées, à la garde d'une obscure servante ? N'est-elle pas suspectée d'ailleurs par les Dupondt d'avoir volé les bijoux de sa maîtresse, c'est-à-dire, dans l'analogie « enfants = bijoux », d'avoir dérobé les jumeaux ? Dans ce fantasme, Marie Dewigne n'est plus que la mère nourricière, tandis que la fameuse comtesse devient la mère réelle qui a dû, pour une raison inconnue, se défaire de sa progéniture tout en continuant à lui témoigner sa sollicitude. Et, en effet, la Castafiore est plus comtesse ou baronne que femme de chambre ! Cette dernière version du fantasme des jumeaux prend en outre en compte le couple formé par la Castafiore et sa servante, la fameuse Irma. Le prénom de celle-ci est d'ailleurs un anagramme, formé par inversion des syllabes, de celui de Marie Dewigne ! Hergé a donc eu affaire, pour cacher dans son œuvre le prénom de sa grand-mère porteuse d'un secret essentiel, au même subterfuge que pour cacher sa propre identité. Il a inversé les syllabes du prénom de celle-ci (« Ma-rie » devenant « Ir-ma »), tout comme il a inversé ses propres initiales pour créer son nom d'auteur (né « Georges Remi », il a signé ses œuvres « G.R. », puis « Hergé »).

Ces quatre hypothèses ne s'excluent pas l'une l'autre. Et toutes ont pu, alternativement ou même simultanément, être imaginées par les jumeaux... avant de l'être, à leur suite, par Hergé lui-même. Il faut ici se représenter le secret qui pesait sur la famille Remi comme un formidable aiguillon pour les imaginations de ses protagonistes. Mis dans le secret de l'existence d'un secret inavouable, chacun, inévitablement, tentait d'en imaginer le contenu. Les quatre images complémentaires de Marie Dewigne que nous venons de dégager autour des figures de la Castafiore et de sa servante Irma sont le résultat de la « compulsion à fantasmer » créée sur plusieurs générations par l'existence d'un secret familial. Toutes ces images tournent en effet autour de la même question. Qu'il s'agisse d'une mère illustre ayant abandonné ses enfants à la garde d'une servante, d'une femme de maison abusée par le maître, d'un amour fou et impossible que tous deux auraient partagé, ou d'une malheureuse ayant élevé seule ses enfants et ne pouvant s'en séparer, c'est toujours l'énigme d'un père inconnu et illustre qui est au centre de ces constructions. Un père inconnu parce que la mère d'Alexis et de Léon a décidé d'en garder le secret... Autant dire que c'est la relation de la porteuse du secret avec son entourage qui constitue le *problème* principal, même si l'identité du géniteur secret en est la *question*.

C'est pourquoi, après nous être intéressés à *l'identité* sous laquelle apparaît la Castafiore – la Marguerite de

(Les Bijoux de la Castafiore)

La Castafiore et sa servante Irma, deux figures probables de la comtesse de Dudzeele et de la servante Marie Dewigne.

l'opéra de Gounod –, nous allons maintenant nous intéresser à la *relation* que la chanteuse entretient avec ceux qu'elle entoure de son affection.

La Castafiore parmi ses proches

Les interprétations possibles de la Castafiore que nous venons d'explorer sont finalement moins importantes par leur diversité que par leur point commun essentiel : la Castafiore ne représente pas un personnage maternel pour Hergé, mais *sa grand-mère porteuse du secret initial qui marqua le destin de la famille Dewigne, puis Remi*. Les images que Hergé avait de sa propre mère jouent également probablement un rôle dans la création de ce personnage. Mais rien ne nous autorise à imaginer que ces images aient été conflictualisées ou problématiques au point que Hergé ait dû tenter de s'en libérer dans une œuvre. Alors que tout nous invite au contraire à le penser pour ce qui concerne cet aspect commun de Marie Dewigne et de la comtesse de Dudzeele qui fit de toutes deux les gardiennes d'un secret. Autrement dit, la Castafiore témoigne *pour une part que nous ne pouvons pas déterminer* des images maternelles constituées par Hergé à partir de ses expériences propres ; alors qu'elle témoigne *pour une part que nous pouvons déterminer* de l'histoire mystérieuse et exaltante des origines de son père, et des images que celui-ci communiqua à son fils de son histoire. Cette part, c'est la trace d'un secret que certains mots pourraient révéler, mais que d'autres mots cachent. De ce point de vue, les relations que la Castafiore et sa servante entretiennent avec le monde paraissent absolument symétriques : la seconde ne dit jamais rien, tandis que la première parle sans arrêt pour ne rien dire. Or la négation n'existe pas dans le dessin. Il est impossible d'y montrer un personnage « n'y faisant pas quelque chose ». C'est pourquoi, pour nous montrer que la Castafiore ne dit rien à l'image de Marie Dewigne gardant le secret, Hergé nous montre la cantatrice parlant sans cesse pour ne rien dire. De même qu'il choisira, pour montrer que son père et son oncle n'ont pas obtenu l'explication qu'ils étaient en droit d'attendre (l'identité de leur géniteur), un personnage qui n'entend rien, le professeur Tournesol[1].

---

1. Voir chapitre 3.

Avec la Castafiore, la confusion est à son comble. En découvrant sa chambre à Moulinsart, elle en désigne le style sous le qualificatif fantaisiste de « Henri XV », avant d'acquiescer aux dires de Nestor qui rectifie en « Louis XIII ». En saluant Tournesol, elle rend hommage au « célèbre sportif qui a fait de si magnifiques ascensions en ballon » ! Du côté des relations que la Castafiore a pu établir avec divers hommes, les choses ne sont pas plus claires... « On » lui prête des liaisons, mais rien n'est confirmé. A-t-elle bien été mariée au maharadjah de Rawhjpoutalah ? N'était-ce pas plutôt un mariage blanc comme celui de Marie Dewigne avec Philippe Remi ?

Mais c'est surtout avec Haddock – le personnage dont Hergé a dit qu'il le représentait lui-même – que la Castafiore excelle à jeter le trouble. La chanteuse ne parvient en effet jamais à donner au capitaine sa véritable identité ! Dans le seul album des *Bijoux*, elle l'appelle successivement Kappock (p. 8), Koddack (p. 9), Mastock, Kosack (p. 10), Kolback, Karbock (p. 22), Karnack (p. 23), Hablock (p. 34), Maggock (p. 55), Medock et Kapstock (p. 56) ! La nomination de Haddock semble d'ailleurs avoir été frappée de malédiction dès sa rencontre avec la chanteuse. Cette rencontre a lieu à l'opéra de Szohôd, dans *L'Affaire Tournesol*, alors que Tintin et Haddock tentent d'échapper à la police de Bordurie. Voulant s'éclipser par les coulisses, ils tombent nez à nez avec la Castafiore. « Mais je ne me trompe... C'est Tintin ! Bonjour mon jeune ami !... Quelle joie de vous revoir ici !... » Puis « Ah ! petit flatteur, vous êtes venu me féliciter de même que ce... ce pêcheur... Monsieur ?... Monsieur ? » Soudain ému d'une façon bien inhabituelle, Haddock commet la première bévue : « Heu Hoddack... Euh Haddada... Pardon, Haddock. » Est-ce le coup de foudre qui fait bégayer ainsi le capitaine, puisque, à en croire certains, il représenterait avec la Castafiore l'image d'un couple ? Quoi qu'il en soit, dès la confusion inaugurale de l'opéra de Szohôd, la Castafiore ne cessera plus d'infliger au patronyme du capitaine des déformations incessantes.

Bien entendu, toutes ces déformations infligées au patronyme du capitaine ont une valeur humoristique. Mais, à partir du moment où des indices forts et concordants nous amènent à voir dans la Castafiore l'incarnation de certains aspects de la grand-mère de Hergé, Marie Dewigne, ces déformations prennent aussi un autre sens. En effet, même si Marie Dewigne n'a été ni confuse ni envahissante, les jumeaux Alexis et Léon n'ont probablement jamais pu

(Les Bijoux de la Castafiore)

Une femme exubérante qui parle sans arrêt pour ne rien dire.

(Tintin et les Picaros)

Haddock est pris de doute quand à son propre patronyme. Nous retrouvons dans son prénom les sons A et R qui, liés à K, témoignent de la préoccupation de filiation royale.

obtenir de sa bouche le secret de leur origine. Dans ces conditions, tout ce que disait Marie Dewigne – et qui pouvait n'être ni léger ni futile – pouvait bien apparaître comme un vain babillage aux yeux d'Alexis et de Léon toujours en attente d'une réponse sur la question cruciale du nom de leur père. Ainsi, Marie Dewigne, femme prisonnière d'un secret qu'elle désirait mais n'osait pas révéler, a pu donner naissance sous le crayon de Hergé à l'image d'une mégère envahissante et futile, n'écoutant personne et déformant sans cesse l'identité de celui qu'elle dit affectionner par-dessus tous, le capitaine Haddock. Un capitaine qui occupe alors la place d'Alexis et Léon privés de leur patronyme par Marie Dewigne. Une Marie Dewigne qui est, encore une fois, présente dans la Castafiore non pas telle qu'elle était en réalité, mais à travers l'image particulière que Hergé a pu s'en construire à partir de sa perception du secret familial.

Le fait que le capitaine soit le personnage qui incarne le mieux le questionnement de Hergé autour de son patronyme est visible, à mon avis, dans trois autres passages des *Aventures de Tintin*.

Tout d'abord, lorsque le capitaine se lance à la recherche de son ancêtre mystérieux, le chevalier de Hadoque. Celui-ci porte en effet un patronyme de prononciation identique à celui du capitaine, mais d'orthographe différente. Or rien n'obligeait Hergé à cette différence, d'autant plus que le chevalier ressemble trait pour trait au capitaine et parle comme lui !

Le second témoignage de cette interrogation se trouve dans *Tintin et les Picaros* : le capitaine, sous l'effet d'une bouteille qu'il a reçue sur la tête et qui l'a rendu amnésique, questionne Tintin :

TINTIN : *Voyons, capitaine...*
HADDOCK : *Qui est capitaine, ici, vous ou moi ?*
TINTIN : *Vous, bien sûr, vous êtes le capitaine Haddock...*
HADDOCK : *C'est un nom ridicule ça... Et mon prénom ?...*
TINTIN : *Archibald, non ?...*
HADDOCK : *Encore plus ridicule... Et vous ?*
TINTIN : *Moi, je m'appelle Tintin.*
HADDOCK : *Grotesque !*

(*Tintin et les Picaros*, p. 31)

Enfin, parmi les nombreux patronymes dont la Castafiore affuble le capitaine, un seul se répète : Karbock (*Les Bijoux*, p. 22 et *Coke en stock*, p. 40). Or, cette répétition concerne le seul de ces noms qui contienne la syllabe

KAR que Hergé nous a donnée, dans *Le Sceptre*, pour être significative d'une filiation royale ! Ainsi la confusion de la Castafiore – alias Marie Dewigne – ne l'empêche-t-elle pas de confirmer par deux fois à Haddock – alias Hergé – son origine royale. Nous ne sommes pas ici, encore une fois, dans un compte rendu historique des paroles et gestes de Marie Dewigne à ses fils, mais dans le désir que Hergé enfant a pu avoir de cette confirmation. A travers la répétition du nom « Karbock » contenant les sons *KAR*, Hergé parvient, sans doute à son insu, à faire en sorte que le personnage qui représente Marie Dewigne communique, de façon cryptée, la confirmation que les jumeaux avaient attendue en vain, et dont lui aussi pouvait rêver ! Cette confirmation aurait en effet indiqué son véritable patronyme au jeune Georges Remi, un patronyme qu'il rêvait royal. Mais elle lui aurait aussi restitué – du moins pouvait-il l'imaginer ainsi – la disponibilité de son père, rendu à son fils parce que libéré de la question de son propre père.

Pourtant, Haddock, ne l'oublions jamais, est le personnage de son œuvre que Hergé a désigné pour le représenter lui-même. Et c'est donc ailleurs que nous devrons aller chercher la représentation des jumeaux Alexis et Léon. Dans les personnages de jumeaux justement : les deux Dupondt.

LA SECONDE GÉNÉRATION DU SECRET : DUPONT ET DUPOND

Hergé a souligné à plusieurs reprises le rôle joué par son oncle et son père dans la création des personnages des Dupondt. Il ne l'a jamais fait plus clairement que dans les « entretiens » qu'il a accordés à Numa Sadoul.
SADOUL : – *Comment l'idée de ces détectives jumeaux vous est-elle venue ?*

(Les Bijoux de la Castafiore)

La Castafiore déforme sans cesse l'identité du capitaine. Pourquoi ?

HERGÉ : – Je ne m'en souviens plus du tout. Mais il se fait que mon père avait un frère jumeau qui est mort trois ou quatre ans auparavant. Et, jusqu'au bout, tous les deux s'habillaient de façon identique. Mon père avait-il une canne, mon oncle allait acheter la même ; mon père s'offrait-il un feutre gris, mon oncle se précipitait pour acquérir un feutre gris ! Ils ont ensemble porté la moustache, le melon, ils ont été glabres en même temps... Ce qui est curieux, c'est que je n'ai pas songé une seconde à eux en créant les Dupondt. Mais la rencontre est tout de même assez étrange.[1]

Les Dupondt apparaissent dès la première case de *Tintin au Congo* pour dire au revoir à Tintin, en même temps que Hergé lui-même. Le père et l'oncle seraient-ils venus saluer le jeune homme sur le quai de la gare ? Hergé, pourtant, avec facétie, a su leur donner une infime différence, presque invisible, et que bien des lecteurs ignorent : une moustache aux pointes relevées pour Dupont et aux pointes tombantes pour Dupond...

Pourtant, si Dupont et Dupond sont bien la caricature du père et de l'oncle de l'auteur, comment expliquer qu'un homme aussi respectueux des principes moraux et familiaux que le fut Hergé ait pu s'engager dans cette voie ? Car les deux inspecteurs ne sont pas seulement ridicules par leur apparence et le souci de ressemblance qui les anime – tout comme pouvaient l'être Alexis et Léon – ils le sont surtout par leur incurable bêtise !

J'avais, en 1987[2], et avant les découvertes de Smolderen et Sterckx, attiré l'attention sur la question ouverte par la différence introduite dans l'orthographe des patronymes des jumeaux. N'aurait-il pas été plus conforme à l'inspiration familiale d'affubler les deux policiers de deux prénoms différents en laissant leur patronyme dans l'ombre, voire de leur donner deux prénoms en miroir l'un de l'autre ? Par contre, si nous acceptons d'introduire ici la dimension transgénérationnelle, la question se pose autrement. Comment se nomme, en effet, le père des deux policiers ? Est-ce Dupont ou Dupond ? Les deux jumeaux n'auraient-ils pas finalement deux pères ? Dès 1987, cette différence inexplicable, et que la minutie hergéenne donne pour être calculée, m'était apparue comme un signe de la question d'une filiation non reconnue chez l'un des ascendants de

---
1. Numa Sadoul, *op. cit.*, pp. 99-101.
2. dans *Hergé*, Ed. Seghers, Paris, 1987.

(Tintin au Congo)

Les Dupondt apparaissent dès le premier album des Aventures. *Parmi les proches venus saluer Tintin sur le quai de la gare, on aperçoit aussi Hergé qui s'est mis en scène lui-même (le troisième adulte à partir de la droite).*

l'auteur. Aujourd'hui, après l'ouvrage de Smolderen et Sterckx, il n'est pas difficile de voir dans cette orthographe la mise en scène visuelle – par un travail identique à celui du rêve – du secret familial autour des « deux pères » de Alexis et Léon, le géniteur secret et l'ouvrier Remi.

Après avoir examiné la question ouverte par le nom des Dupondt, envisageons maintenant celle de leur « personnalité », si tant est qu'on puisse employer ce mot pour des créatures de fiction...

Les Dupondt apparaissent, au-delà de leur statut d'enquêteurs professionnels, comme deux êtres piégés dans la recherche forcenée d'une vérité condamnée à leur échapper sans cesse. Mais l'obstacle auquel ils se heurtent constamment dans leur tentative de comprendre le monde est lui-même bien précis. Pratiquement, tous leurs comportements témoignent d'une fidélité absolue, ou plutôt d'une véritable *adhésivité* à la littéralité du sens. Leurs lapsus, leurs calembours involontaires, leurs gestes manqués et leurs malentendus témoignent tous de leur tendance à se conformer jusqu'à l'absurde à la tyrannie de la lettre, qu'elle soit littérale (le mot) ou bien marquée par l'usage. En témoi-

(Le Lotus bleu)

Leurs vêtements font montrer du doigt les Dupondt. Les jumeaux Alexis et Leon n'étaient-ils pas de même moqués à l'occasion du cadeau rituel des vêtements - probablement identiques - offerts par la comtesse de Dudzeele?

gnent leurs formules toutes faites, du genre : « L'affaire est claire », « Que personne ne sorte ! », le fameux « Je dirai même plus », ou encore ce qu'ils appellent « leurs interrogatoires d'usage ». En témoignent également, dans le domaine des comportements et non plus des paroles, leur manie de revêtir le « costume typique » d'un pays pour y mener une enquête « incognito » … ce qui a bien entendu l'effet opposé à celui qui est recherché. Car les Dupondt confondent toujours le vêtement porté quotidiennement par les habitants d'une région avec leur costume folklorique. En revêtant celui-ci, les Dupondt attirent immanquablement sur eux tous les regards... Il s'agit en outre ici d'une histoire d'identité qu'on veut cacher et que les vêtements révèlent ! Les deux Dupondt montrés du doigt à cause de leurs habits, n'est-ce pas l'équivalent des jumeaux Alexis et Léon montrés du doigt à cause des « beaux vêtements » offerts par la comtesse, vêtements qui, en contrastant avec leur origine modeste, pouvaient les faire désigner comme « bâtards » ?

Du caractère « littéral » de leurs comportements, les exemples abondent. Tous révèlent leur attachement à la lettre des signes ou des consignes auxquels ils décident d'obéir aveuglément. Dans *Les Cigares du pharaon*, ils sauvent Tintin de la mort parce qu'ils ont reçu l'ordre de l'arrêter. Dans *Le Sceptre d'Ottokar*, ils mettent « pied à terre » sitôt que l'hydravion s'est posé, et tombent... dans la mer ! Dans *Le Trésor de Rackham le Rouge*, ils obéissent une nuit entière au capitaine Haddock qui leur a dit « de ne pas arrêter de pomper [l'air pour le scaphandrier] tant qu'il ne leur en aura pas donné l'ordre ». (Ainsi les enfants obéissent-ils bien souvent « à la lettre » à l'injonction que leur donne un adulte, celle de ne pas bouger chez le médecin par exemple...) Dans *Le Temple du Soleil*, et comme ils ont décidé de retrouver Tintin, Haddock et Tournesol grâce aux indications de la radiesthésie, ils grimpent sur la tour Eiffel lorsque leur pendule indique que les trois amis se « trouvent dans un endroit élevé » (en effet, il s'agit de la cordilière des Andes ! Comment imaginer un recours plus absurde au caractère *littéral* d'une information !). Une autre case les montre, deux pages plus loin, explorant une mine de charbon car le pendule indique « qu'ils doivent être bien bas » ! Ici, ce n'est plus l'impossibilité de penser en termes d'espace dont il s'agit, mais de l'impossibilité de comprendre une métaphore. Car le « bien bas » dont il s'agit désigne le désespoir du capitaine, qui, confronté à sa mort proche dans la case précédente, s'est écrié : « C'est fini !... Plus rien à espérer ! Jamais je n'ai touché à ce point le fond du désespoir ! » (*Le Temple du soleil*, p. 55.) Enfin, suivant toujours les indications de leur pendule, les Dupondt se retrouvent au milieu d'un manège d'auto-tamponneuses : « Personne... Et pourtant, ils sont quelque part où ils ont été très secoués... », s'étonnent-ils, l'air pensif. (*Id.*, p. 59.) Dans *Objectif lune*, ils arrêtent le squelette du laboratoire d'anatomie après avoir aperçu leur propre image derrière un écran radiographique, confondant cette *image* avec le voleur... Dans *On a marché sur la lune*, ils embarquent par erreur à bord de la fusée lunaire en confondant « 1 h 34 » (l'heure de départ de la fusée) avec 13 h 34. « 1 h 34 du matin ?... pas 13 h 34 ?... Mon Dieu ! Nous avons cru que c'était 1 h 34 de l'après-midi !... » (*On a marché sur la lune*, p. 3.) Puis confrontés à un état d'apesanteur et conseillés

Dans leurs enquêtes, les Dupondt s'en tiennent à la lettre de ce qu'ils découvrent.

(Le Temple du soleil)

par Tintin de « se tenir solidement » afin d'affronter le rétablissement de la pesanteur, ils se cramponnent... l'un à l'autre ! On pourrait allonger cette liste – et le lecteur assidu de *Tintin* le fera sans peine – sans éclairer davantage le sens de ces situations. Car ce sens est toujours le même. Les Dupondt confondent sans cesse le mot et la chose. A l'inverse de Tintin[1], ils échouent constamment face à la nécessité de comprendre le monde selon un ordre symbolique. A partir de là, tous leurs raisonnements ne sont que de splendides édifices habités par le vent. Mais leurs efforts toujours inefficaces prennent un autre relief si nous savons les comprendre. Les tentatives des Dupondt pour comprendre le monde ne sont pas l'*image littérale* de celles que fournit l'enfant face au monde symbolique des adultes, mais une *métaphore* de celles-là. Les Dupondt, en effet, ne sont pas des enfants, mais leur mode de compréhension du monde est à l'image de celui des petits enfants incapables de prendre les dictons et les formules toutes faites pour des images, et pour qui « être bien bas » évoque les profondeurs souterraines, et « casser sa pipe » le geste du fumeur qui brise son ustensile privilégié. Des petits enfants qui tentent, à force d'hypothèses, de comprendre ce qu'on leur cache... et qui semblent jouer à l'inspecteur bien plus qu'être des inspecteurs « pour de vrai », comme en témoignent leurs formules du genre « Que personne ne sorte ! » ou encore « Que faisiez-vous à l'heure du crime ? » Des formules comme celles qu'utilisent justement les enfants lorsqu'ils jouent aux policiers et aux voleurs !

Le questionnement des Dupondt (alias Alexis et Léon, les enfants nés de père inconnu) trouve bien entendu son point brûlant lorsqu'ils se retrouvent, dans *Les Bijoux de la*

---

1. Voir *infra*, ch. 7.

Les Dupondt ont aperçu leur propre squelette derrière un écran radioscopique. Ils arrêtent le squelette du laboratoire, confondant ainsi l'image (celle de leur propre squelette) avec la réalité.

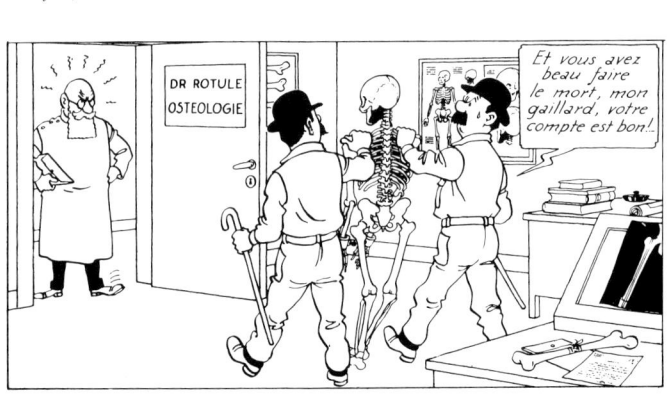

(Objectif lune)

Castafiore, confrontés à la nécessité – on devrait dire, à l'ardent désir – de faire « toute la vérité » sur le vol dont a été victime la Castafiore, alias Marie Dewigne, la mère détentrice du secret de l'origine des jumeaux. Alors la densité de leurs lapsus s'intensifie ; et leurs questions désignent, au-delà de la disparition des bijoux, l'énigme qui a dû tarauder Alexis et Léon : jusqu'où leur mère a-t-elle été « abusée » ?

Rappelons le texte de l'enquête menée par les Dupondt. La scène se situe après la panne électrique pendant laquelle la Castafiore se serait fait voler ses bijoux (*Les Bijoux*, pp. 37-39)[1].

TINTIN : *Voilà toute l'affaire... Évidemment, tout semble accuser ce mystérieux photographe... Et pourtant...*
DUPOND : *Pourtant quoi ?... C'est le coup classique : un complice qui coupe le courant et...*
TINTIN : *Justement non !... Le courant n'a pas été coupé : ce sont les fusibles qui ont fondu...*
DUPONT : *Fusibles coupés ou courant fondu, jeune homme, pour moi, c'est la même chose : l'obscurité s'est faite, et c'est exactement ce que volait le voleur !*
TINTIN : *Possible... Mais il ne pouvait pas prévoir à quel moment les plombs sauteraient... et même s'ils sauteraient jamais... Ici, c'est le hasard seul qui a joué...*
DUPOND : *Hem !...*
DUPONT : *Je dirai même plus : Hem !*
...
DUPONT : *Bon... Eh bien ! puisque vous tenez absolument à mettre les points sur les i, je suis curieux de savoir ce que vous allez répondre à la petite question que je vais vous poser à présent, moi !...*
DUPONT : *Vous dites que ce sont les flombs qui ont pondu... Soit... Mais l'avez-vous constaté vous-même ?...*
TINTIN : *C'est-à-dire que c'est Nestor qui me l'a dit lorsqu'il est remonté de la cave...*
DUPOND : *Nestor ?... le domestique ?... Hé ! Hé !*
DUPONT : *Hé ! Hé !*
DUPONT : *Le Nestor qui a été au service des frères Loiseau... Hé ! Hé ! Belle référence !...*

(On a marché sur la lune)

La pesanteur va être rétablie brutalement dans la fusée lunaire. Il est conseillé de se "cramponner". Les Dupondt le font à leur façon, montrant leur parfaite incompréhension de la situation en même temps que leur confusion des mots.

---

1. Benoit Peeters, dans son insistance à mettre au jour un questionnement sexuel souterrain à l'œuvre de Hergé donne, avec l'étude de ce passage, sa démonstration la plus convaincante. Et cela bien que son absence de questionnement sur la dynamique transgénérationnelle le condamne à échouer dans sa compréhension des causes des mécanismes qu'il démontre. (In *La Cantatrice sauve* Ed. Magic Strip, 1984.)

(Le Trésor de Rackham le Rouge)

Comme un enfant qui obéit "à la lettre" au conseil donné par un adulte, mais dont il ne comprend pas le sens, les deux Dupondt continuent à fournir de l'air au scaphandre que personne n'utilise.

Tintin : *Vous savez bien qu'à l'époque l'enquête a montré qu'il avait toujours tout ignoré de l'activité de ces forbans !... Et d'ailleurs...*
Haddock : *Et d'ailleurs, mille sabords ! Nestor est un honnête homme et je vous interdis de le soupçonner !*
Dupond : *Bon, bon, nous verrons ça... En attendant, nous voudrions procéder aux interrogatoires d'usage.*
Tintin : *Bien, voulez-vous me suivre ?*
…
Tintin : *Faites bien attention aux fils, messieurs.*
Dupond : *Vu.*
Dupont : *Compris.*
Tintin : *Les inspecteurs de police Dupont et Dupond.*
Dupond : *Que personne ne sorte !...*
Tintin : *Et voici Mme Castafiore. Je vois qu'elle a repris connaissance.*
Dupont : *C'est vous la chanteuse, madame ? Enchanté !*
La Castafiore : *Bonsoir...*
Dupont : *Madame, nous sommes ici pour faire la lumière, toute la lumière sur le vol dont vous venez d'être la victime...*
Dupond : *Je dirai même plus... Euh...*
La Castafiore : *Je vous écoute, messieurs.*
Dupont : *Pour plus de clarté, madame, voulez-vous me dire où se trouvaient vos bougies... euh... pardon !... vos bijoux ?*
La Castafiore : *Dans ma chambre, au premier étage, enfermés dans un secrétaire... Mes bijoux... Mes beaux bijoux !...*
Dupond : *Nous les retrouverons, madame, morts ou vifs, mais nous les retrouverons ! Soyez-en assurée !... Et, à propos, je suppose qu'ils l'étaient aussi, assurés, naturellement...*
La Castafiore : *Hélas ! Non !... Lampadaire m'avait promis de venir avec sa police, mais...*
Dupond : *Sa police ?... sa police ?... Quelle police ?... Il a une police privée cet individu ? Dans ce cas, madame...*

La Castafiore : Non, non, messieurs, il s'agit bien entendu d'une police d'assurance.
Dupont : Ah ! bon, ça change tout... Parce que...
Dupond : Oui, parce que...
Dupond : Ainsi donc, vos bijoux étaient enfermés dans un secrétaire... Bon... Fermé à clé ce secrétaire ?

Nous voyons ici culminer l'embarras des Dupondt dans l'abondance des mécanismes les plus caricaturaux de leur mode de pensée. Les formules toutes faites se bousculent. L'obscurité qui s'est faite au moment du vol est confondue avec le sens métaphorique du mot (cette affaire est en effet « obscure » de bout en bout, mais ce n'est pas la logique des Dupondt qui l'éclaire !). Et, pour finir, la police d'assurance établie par l'assureur Lampion est confondue avec une « police privée », autrement dit avec une milice !

Benoit Peeters (1984) se penche sur les lapsus des deux détectives, et remarque que le premier de ceux-ci – « l'obscurité s'est faite, c'est exactement ce que volait le vouleur » – marque pour ainsi dire d'une pierre blanche le mot autour duquel tourne le questionnement sur la nature du « vol » dont a été victime la Castafiore : est-ce le vol, par un voleur, de sa pierre précieuse préférée ? Ou bien le « viol », par un violeur, de sa « chaste fleur » ? La phrase suivante de Dupont prolonge merveilleusement bien cette hypothèse, puisqu'il y est question de rien moins, dans la bouche de Dupont, que de mettre les « points sur les i », autrement dit de rétablir au « voleur » le « i » qui manque à son nom afin d'en désigner le « violeur » ! Ce « i » se retrouvera plus tard dans le nom de la vraie responsable de la disparition des bijoux. Il s'avérera en effet qu'une « pie » avait volé l'émeraude, et c'est dans son « nid » que Tintin ira finalement la chercher pour la restituer à la Castafiore. Cette « pie » confirmera, par la phonétique de la voyelle autour de laquelle son nom est construit, l'importance du « i » obsédant. Mais auparavant, ce « i » énigmatique aura encore imposé sa marque au dernier lapsus du passage cité, lorsque Dupond désignera les « bijoux » par les « bougies ». Et c'est ici que je me sépare de Benoit Peeters, lorsqu'il voit dans cette bougie brandie – phonétiquement s'entend – par Dupond, le « phallus jusque-là manquant » qui aurait menacé la Castafiore ! Ce glissement, d'ailleurs, on le voit, quitte le terrain des associations propres aux héros hergéiens pour s'engager dans le sentier battu des associations conventionnelles : une bougie est un « phallus », un vase est

(Le Crabe aux pinces d'or)

Haddock, au début, est un capitaine alcoolique qui laisse à son second, Allan, la direction de son cargo, le Karaboudjan.

une représentation du sexe féminin, etc. Il n'en reste pas moins que son analyse du « i » baladeur dans cette séquence de *Tintin*, et de sa signification en termes de questionnement autour d'un « viol » possible de la Castafiore garde toute sa pertinence ; une pertinence à laquelle mon approche en termes de secret familial donne sa seule cohérence. Ce « i » baladeur et manquant pointe bien en effet l'autre question majeure à laquelle furent toute leur vie confrontés les jumeaux, et à leur suite Hergé (la première de ces questions étant l'identité du grand-père secret). Cette question, déjà abordée autour des différentes figures de la Castafiore, peut se formuler ainsi : la chaste Marie Dewigne a-t-elle été une Marguerite enamourée, séduite puis abandonnée, ou bien a-t-elle été, moins romantiquement, la victime d'un viol ?

Le lieu où les bijoux étaient enfermés au moment du vol – rappelé à la fin de la séquence citée – nous mettait d'ailleurs sur la voie du problème. Il y est question de bien autre chose que de la perte de sa virginité par une femme mûre telle que la Castafiore. Les bijoux sont cachés dans le « secrétaire », c'est-à-dire, littéralement, dans le « *secret* qu'il faut *taire* ».

Or il appartient à un tel secret, lorsqu'il concerne le nom du géniteur, de rebondir sur l'ensemble des possibilités de compréhension du monde par l'enfant, comme ce fut le cas pour Alexis et Léon. Et Dupond et Dupont sont porteurs, mieux que tout autre personnage de la saga hergéienne, des difficultés qui en résultent.

LA TROISIEME GÉNÉRATION DU SECRET : TINTIN, HADDOCK ET TOURNESOL

Chacun de ces trois personnages incarne, à sa façon, une facette de Hergé aux prises avec le secret familial. Ou, de façon plus générale et dans la mesure où Hergé a su donner une dimension mythique à ses personnages, chacun de ces trois héros représente une facette des attitudes possibles d'un enfant face au secret d'un parent, lorsque cet enfant a renoncé à toute possibilité d'en dénouer l'énigme. Tel est le cas des enfants situés en troisième génération du secret, lorsque l'origine du secret, et même parfois son existence, a été enfouie par les générations précédentes. Et tel est aussi le cas de Hergé, fils d'un père non reconnu par son propre père. Alors le désarroi règne en maître, avec le risque de marginalité ou de toxicomanie... dont, chacune à sa façon, témoignent les personnalités de Tintin, Haddock et Tournesol.

Tout d'abord, à la différence des Dupondt qui ont une intégration sociale sous la forme d'un métier et une apparence de normalité, Tintin, Haddock et Tournesol n'ont ni l'un ni l'autre : Tintin est un journaliste qui n'écrit jamais pour aucun journal ; Haddock, un capitaine alcoolique qui laisse à son second, Allan, la direction de son cargo le Karaboudjan ; et Tournesol, dans *Le Trésor de Rackham le Rouge*, apparaît comme un savant farfelu qui réalise des œuvres tenant plus de l'art surréaliste que de l'invention proprement dite. Et, tout comme aucun des trois n'a d'insertion sociale, aucun non plus n'a d'ami. Tintin est seul dans son meublé de la rue du Labrador ; Haddock est seul sur son cargo, confiné dans sa cabine par un équipage tout entier dévoué à Allan ; et Tournesol seul dans son labora-

(*L'Oreille cassée*)

Tintin sait résoudre toutes les énigmes : ici aux prises avec des nombres.

(L'Île noire)

Savoir résoudre les énigmes fait aussi partie des tâches que l'enfant qui veut être parfait se fixe.

toire. C'est pourtant de la rencontre de ces trois marginaux solitaires, autour de la recherche de l'identité de l'ancêtre énigmatique du capitaine, que va résulter leur rédemption à chacun. Tintin s'humanise progressivement ; Haddock cesse peu à peu de boire et devient sociable ; Tournesol réalise une œuvre utile... que l'armée lui achète, un sous-marin de poche. L'ensemble de ces transformations se cristallise autour de la découverte de l'épave de *La Licorne*, son exploration, l'établissement des droits de propriété du chevalier de Hadoque sur le château de Moulinsart, et enfin le rachat de celui-ci par le capitaine. Dans cette histoire, les rôles des trois compères se complètent admirablement, comme les doigts de la main pourrait-on dire, ou encore comme « trois vaisseaux voguant de conserve ». En effet, Haddock conduit l'expédition jusqu'au lieu probable du naufrage de *La Licorne*, et Tintin localise l'épave grâce au sous-marin miniature mis au point par Tournesol. De même, en ce qui concerne Moulinsart, c'est Tintin qui remonte le coffret contenant le parchemin par lequel Louis XIV en faisait don au chevalier (*Le Trésor*, p. 44) ; c'est Tournesol qui reconstitue le texte du document (p. 57), puis qui rend possible l'achat du château avec l'argent que lui rapportent les brevets de son sous-marin (p. 59) ; enfin, c'est Tintin qui découvre, dans les caves, le trésor de Rackham le Rouge caché dans le globe terrestre (p. 61).

Mais nous allons voir comment ces trois personnages représentent aussi trois attitudes possibles et complémentaires face à un secret familial.

Tintin

On a dit que Tintin était un personnage vide et inexpressif. Son visage est rond et lisse, sa bouche et ses yeux ne sont que des points. Du jeune adulte, il a la musculature performante, de l'adolescent, la stature, et du grand enfant, le visage. Enfin, il n'affiche aucun trait de caractère, aucune habitude, aucun vice. Tout en lui est posé, « ordinaire », pourrait-on dire. D'ailleurs son nom, en français, signifie... « rien du tout » ! Quant à son sexe, s'il ne fait pas de doute que Tintin soit bien un garçon, son absence totale de préoccupation vis-à-vis du sexe opposé le place résolument du côté du jeune enfant plutôt que de l'adolescent. Ainsi le lecteur, jeune ou vieux, ou même homme ou femme, peut-il se dire « Tintin, c'est moi », sans pour autant avoir envie de lui ressembler en rien. Le caractère « neutre » de Tintin en fait le support idéal de nos identifications et de nos projections, le vêtement dans lequel nous pouvons aisément nous glisser pour vivre, le temps d'un album, ses aventures. Pourtant, Tintin est aussi à sa façon un personnage porteur de secret.

Tout d'abord, les origines de Tintin sont énigmatiques. De sa famille, nous ne savons en effet rien. Est-il un enfant trouvé, un enfant abandonné, un « ancien » de l'Assistance publique ? Ses parents sont-ils vivants ? Comment expliquer alors que, par ailleurs si raisonnable, Tintin ne leur donne jamais de ses nouvelles ? Sont-ils morts ? A-t-il rompu avec eux parce qu'ils sont illégitimes ? Mais ont-ils jamais existé ? A vrai dire, Tintin semble avoir eu la chance de naître orphelin ! Mais remarquons que cette obscurité sur les origines de Tintin place le lecteur lui-même dans une situation semblable à celle de Hergé : nous ne savons rien des origines de ce personnage qui devient notre compagnon familier, et un peu le père de nos rêves, tout comme Hergé ignorait tout des origines de son propre père...

Mais surtout, la vacuité de Tintin en fait le représentant idéal de l'enfant parfait. Sobre, valeureux, associant pondération, sens de l'équité, équilibre affectif, facultés d'adaptation, efficacité... le tout sous-tendu par un optimisme foncier et une générosité exemplaire, Tintin est l'enfant auquel chacun d'entre nous a été tenté de ressembler afin de correspondre totalement à ce que nous pouvions croire que nos parents attendaient de nous. Du point de vue des secrets de famille, cette perfection a deux avantages. D'une part, elle permet de racheter les fautes inconnues, réelles ou imaginaires, de tous les membres de la famille, y compris celles que l'enfant suppose inévitablement à celui de ses parents qui lui oppose l'opacité d'un secret ! Et d'autre part, elle permet de comprendre et de dénouer, avec tout le tact requis, les secrets douloureux qui enchaînent les parents aux générations qui les ont précédés. Or, si Tintin est

Tintin sait entendre de manière littérale le titre - symbolique - d'un opéra célèbre, et résoud ainsi l'énigme de la disparition de l'émeraude.

(Les Bijoux de la Castafiore)

d'abord une espèce de Superman en culottes courtes (dans *Tintin au Congo* et *Tintin en Amérique* notamment), il devient très vite un déchiffreur d'énigmes. A partir des *Cigares du Pharaon*, chaque album lui en propose de nouvelles qu'il s'emploie à comprendre avec la même énergique candeur. Ces énigmes, le plus souvent, concernent des mots ou des séquences de mots mystérieux : mots de passe dans *Les Cigares du pharaon* ; messages radio codés au début du *Lotus bleu* ; numéro de plaque numéralogique que Tintin doit lire à l'envers dans *L'Oreille cassée* (160891 devenant alors 168091, le numéro qui met Tintin sur la piste qu'il cherche) ; agencement mystérieux de fragments de papiers et de projecteurs dans *L'Ile noire*, etc. Mais de tous ces messages, le plus mystérieux est certainement le premier auquel Tintin ait affaire, et qu'il ne résoudra d'ailleurs jamais. Cela se passe à la page 10 des *Cigares du pharaon*, alors que Tintin, Milou et Philémon Siclone se réveillent dans des sarcophages jetés à la mer par erreur... Les paroles échangées par les deux hommes sont recouvertes et déformées par le bruit du vent. Tintin, incapable de comprendre le savant Philémon – véritable précurseur de Tournesol – ne recueille de lui que ces syllabes énigmatiques : « Ou... pa... pa... é... or... a... er... opel... a. » « Ou-pa-pa-é », autrement dit : « Où est papa ? » N'est-ce pas là en effet la question que la *mère* des jumeaux – et non plus la « mer » – a étouffée ? Et dont Hergé, fils aîné d'un des jumeaux, s'est trouvé investi malgré lui ?

Mais à partir du *Secret de La Licorne*, ces questions prendront une autre forme. Elles ne vont plus porter sur des mots seuls, mais sur des rapports entre mots et images... Or, ce moment, nous l'avons vu, est aussi celui où Hergé lance « le personnage qui le représente lui-même », le capitaine Haddock, sur les traces de son ancêtre le chevalier. La première de ces énigmes fait l'objet d'une superbe mise en scène : un personnage blessé montre des moineaux du doigt (*Le Secret*, p. 31) désignant par là que les coupables de son attentat sont deux frères (encore deux frères !) portant le nom de « Loiseau ».

Dans *Les Bijoux de la Castafiore*, Tintin aura à résoudre une énigme inverse. Sa perspicacité ne le mènera plus de la chose désignée au mot qu'elle désigne, mais du mot utilisé dans un sens métaphorique à la chose qu'il évoque. Comme dans le cas précédent, la « chose » y sera un oiseau. En effet, c'est parce qu'il saura traduire le titre de l'opéra où triomphe la Castafiore – *La Gazza Ladra* – en sa signification littérale – une pie voleuse – que Tintin saura retrouver l'émeraude perdue… dans le nid du volatile ! Ainsi, après avoir mis Tintin au défi de savoir entendre, derrière l'image, le mot, Hergé, dans *Les Bijoux*, le confronte à l'épreuve de savoir dé-sémantiser le mot pour entendre derrière lui l'image : le titre de l'opéra n'est plus l'intitulé d'une œuvre, mais l'indication littérale de l'identité du voleur du bijoux.

Cette aptitude de Tintin témoigne-t-elle de la façon dont le jeune Georges Remi fut confronté très tôt à un secret familial ? Il est probable en effet que, tout comme Tintin, dans *Le Crabe aux pinces d'or*, remonte une filière de trafiquants d'opium à partir d'un morceau d'étiquette, Hergé ait tenté, enfant, de reconstruire l'identité du grand-père énigmatique à l'aide d'un bout de phrase, d'un mot à demi entendu, ou d'un soupir venu ponctuer quelque expression apparemment banale… Mais cette aptitude de Tintin indique aussi ce dont le lecteur doit être à son tour capable : entendre un mot caché derrière l'image d'un objet, ou bien savoir entendre, derrière un mot ou seulement une association sonore, la désignation d'un coupable…

Haddock

Le premier compagnon de Tintin, bien avant le capitaine Haddock, est le petit chien Milou. De ce dernier, le capitaine a gardé le poil hirsute – noir et non plus blanc il est vrai –, la faiblesse et les emportements, bref l'humanité qui fait si cruellement défaut à Tintin. C'est pourquoi Haddock incarne, comme je l'écrivais en 1985, l'enfant réel opposé à Tintin, l'enfant idéal et parfait. Ainsi s'explique que le capitaine soit instable, turbulent et explosif. Mais surtout, en tant qu'incarnation de l'enfant réel, Haddock est partagé comme nous le sommes tous entre des sentiments contradictoires que viennent parfois visualiser, dans une bulle, un petit diable et un petit ange à l'effigie du capitaine. Il est enfin passionné, capable de colères mais aussi d'emportements affectueux dont Tintin est bien incapable. En d'autres termes, Haddock est le complément charnel de Tintin. Et s'il est d'abord une véritable « loque », comme nous le dit Hergé[1], c'est qu'il est la victime d'un secret, celui qu'il va justement s'ingénier à déchiffrer, avec l'aide de Tintin et de Tournesol, dans *Le Secret de La Licorne* et *Le*

---

1. N. Sadoul, *op. cit.*, 1975.

(Le Crabe aux pinces d'or)

Le capitaine Haddock est non seulement au début un marginal et une "loque", comme nous le dit Hergé lui-même. C'est aussi un personnage que sa violence entraîne à menacer plusieurs fois la vie de Tintin.

Trésor de Rackham le Rouge. Auparavant, c'est-à-dire dans les albums qui précèdent, il est un personnage impulsif, alcoolique, suicidaire et même meurtrier vis-à-vis de Tintin qu'il tente de tuer par deux fois, dans des moments d'inconscience et sous l'emprise de l'alcool dans *Le Crabe aux pinces d'or*. D'ailleurs, sa rencontre avec Tintin, dans ce même album, est placée sous le signe de la dépression et des larmes : Haddock pleure comme un enfant à l'évocation du nom de sa mère ! Pourtant – ou à cause de cette complexité – c'est autour de ce personnage que Hergé a mis en scène la question insoluble de ses origines : le capitaine est clairement posé, par le texte et par l'image, comme le descendant d'un homme illustre.

Par le texte d'abord. Le nom choisi par Hergé pour désigner le capitaine est celui d'un poisson, le « haddock ». Mais ce mot « haddock » a pour synonyme « aiglefin », ou « aigrefin », qui a lui-même le sens figuré d'« escroc », « filou », et « chevalier d'industrie » (dictionnaire Robert). Ainsi le patronyme du personnage que Hergé a désigné pour le représenter lui-même est un nom qui évoque à la fois un homme illustre et un escroc ! Il convient donc parfaitement pour désigner le grand-père énigmatique : peut-être noble, mais peut-être aussi chevalier d'industrie, en tout cas un « escroc », puisqu'il a séduit Marie Dewigne pour l'abandonner ensuite !

Le second indice de la filiation secrète qui unit le capitaine Haddock à un homme illustre est donné non plus par une indication de texte, mais par une indication de dessin. A la page 2 des *Sept Boules de cristal*, et pour la seule fois dans l'ensemble des aventures de Tintin, nous voyons en effet le blason qui orne le fronton de la porte d'entrée de Moulinsart. Or, ce blason représente... un dauphin couronné ! Ce blason est comme un lapsus graphique. Il est totalement déplacé dans la narration. Il n'y a en effet aucune raison pour que le château de Moulinsart – donné, nous dit Hergé, par le roi Louis XIV au chevalier de Hadoque – porte un tel signe royal ! Par contre, ce blason prend tout son sens si nous imaginons que ce sens a échappé à Hergé au moment où, une seule fois dans son œuvre, il l'a tracé. Ce blason est comme la devise du désir secret de Hergé. Le désir que son père Alexis ait été reconnu par son propre père illustre, peut-être noble et même peut-être roi, le fameux grand-père énigmatique. Si tel avait été le cas, c'est Hergé lui-même qui aurait pu exhiber son blason ! Ce désir fut d'ailleurs sans aucun doute pour Hergé autant un désir de son père, qu'il reprit à son compte, qu'un désir personnel...

Le blason du dauphin couronné inscrit au fronton de l'entrée de Moulinsart est comme un lapsus graphique dans l'oeuvre de Hergé, la preuve involontaire de l'origine royale du chevalier de Hadoque.

(Les Sept Boules de cristal)

Tournesol

Tournesol n'est ni désincarné comme Tintin, ni désespéré comme Haddock dans ses premières apparitions. Il partage cependant avec le premier son goût pour le déchiffrage des énigmes et avec le second son humanité. Mais surtout, Tournesol est sourd ; et, qui plus est, un sourd qui, pendant longtemps, veut le rester, puisqu'il refuse l'appareil qui lui permettrait d'entendre !

Face à un secret familial et à la faute qu'il imagine être à son origine, un enfant a le « choix » entre plusieurs attitudes. Il peut tenter de devenir parfait comme Tintin afin de racheter la faute inconnue ; il peut se désespérer comme Haddock, ou se perdre en conjonctures hasardeuses et finalement absurdes comme les Dupondt ; il peut enfin, comme Tournesol, devenir sourd à tout ce qui l'entoure et s'orienter vers le seul domaine où la recherche de la vérité soit non seulement un droit reconnu, mais même un devoir : la recherche scientifique. En effet, un enfant soumis à un secret indicible sent très bien que sa famille lui cache une vérité essentielle. Mais, en même temps, la recherche de cette vérité lui est barrée car il craint de découvrir un secret honteux qui porterait atteinte à l'image idéalisée qu'il a de ses parents. Afin de préserver à la fois cette image et la quête de vérité qui l'anime, il peut alors déplacer sa curiosité vers une recherche scientifique ou pseudo-scientifique.

Mais Tournesol pousse encore plus loin l'allégorie de la disculpation des parents porteurs de secret. Il est sourd ! Ce qui est une façon de dire que personne n'est coupable de lui avoir caché quoi que ce soit puisque c'est lui au contraire qui n'entend rien ! Tournesol représente ainsi sous le crayon de Hergé le personnage qui pousse le plus loin la recherche d'une conciliation avec les parents qui lui ont pourtant refusé une vérité essentielle. Et c'est sans doute au prix de

(Le Trésor de Rackham le Rouge)

Tournesol paraît puiser sa force dans sa surdité, tout comme Haddock puise la sienne dans l'alcool. Mais être sourd, n'est-ce pas aussi une façon de renoncer à entendre ce que l'on vous a un jour caché ?

Parce qu'il est sourd, Tournesol est le mieux placé pour répondre à la Castafiore sur le mode même sur lequel elle s'adresse aux autres.

(Les Bijoux de la Castafiore)

ces aménagements – sa surdité et le déplacement de sa curiosité vers la recherche scientifique – qu'il est le héros de Hergé le plus proche de celui qui incarne le parent initialement porteur du secret, c'est-à-dire la Castafiore. Par exemple, Tournesol ne prend nul ombrage des confusions de la cantatrice à son sujet parce qu'il ne les entend pas ! Et inversement, sa surdité l'excuse par avance de toutes les confusions qu'il peut lui-même réaliser, comme lorsque, en parfaite symétrie des malentendus multipliés par la chanteuse, il salue en elle, dans *Les Bijoux*, « l'artiste incomparable » qui aurait réalisé des portraits d'une « ressemblance tout à fait étonnante ». D'ailleurs, tout au long de cet album, Tournesol ne cesse de manifester sa tendresse pour la diva, et même son amour, allant jusqu'à créer, dans le plus grand secret, une rose blanche à laquelle il donne le nom de la Castafiore, et qu'il lui offre avec des débordements d'amour ! Ni désincarné comme Tintin, ni rebelle et retors comme Haddock, il est finalement le personnage de Hergé qui incarne le mieux l'enfant docile et obéissant qui préfère devenir sourd plutôt que de risquer de croire qu'on lui ment, ou qu'on lui cache quelque chose.

La surdité de Tournesol le protège contre les agressions vocales de la Castafiore, et fait de lui l'image d'un enfant plein d'amour chaste et de sollicitude.

(Les Bijoux de la Castafiore)

4

HERGÉ PARTAGÉ EN DEUX : LA RÉCONCILIATION DE *SANS FAMILLE*

Dans la dernière interview qu'il donne avant sa mort, en décembre 1982[1], Hergé s'interroge sur la « grisaille » de son enfance. Il déclare alors, en guise d'explication, que son « père a été orphelin très tôt ». Cette réflexion n'est pas fausse, bien entendu, puisque Marie Dewigne est morte le 30 octobre 1901, à l'âge de quarante et un ans, laissant les jumeaux Alexis et Léon pratiquement sans famille. Mais nous pouvons apprécier, grâce aux informations dont nous disposons aujourd'hui, quel colossal non-dit cette simple affirmation recouvre ! Car si Alexis était cet homme « triste et parlant peu » sur lequel Hergé est lui-même si discret, il y avait à cela une raison bien aussi grave que le décès de sa mère quand il avait dix-neuf ans ! En effet, si Alexis fut laissé pratiquement sans famille par cette mort prématurée, c'est parce que, d'abord non reconnu par son géniteur, il fut ensuite totalement délaissé par l'homme qui lui avait donné son nom, l'ouvrier Philippe Remi.

Que Hergé s'en soit longtemps tenu à cette « version officielle » se comprend. Il a pu vouloir « respecter » le souvenir de son père, tout comme celui-ci voulait « respecter » celui de sa propre mère. Dans l'enfance de Hergé, la confidence du secret à un tiers extérieur à la famille aurait encore pu attirer moqueries, propos blessants ou dépréciateurs sur sa grand-mère, ou pire, sur son père. Mais, en 1983, Marie Dewigne est morte depuis quatre-vingt-deux ans, et son père depuis treize ans. En outre, si la situation de fille-mère a pu être infamante au début du siècle, elle ne l'est plus du tout maintenant. Hergé voudrait-il encore, par son silence, protéger quelqu'un ? C'est bien peu probable, et d'autant plus que l'histoire de ce secret, avec la comtesse dans le rôle de la bonne fée protectrice des jumeaux, ressemble plus à un conte qu'à une histoire crapuleuse ! Non, il est plus probable que Hergé, dans sa réponse, obéit à des habitudes, on pourrait dire à des réflexes mentaux. Il a été obligé d'apprendre, dès son plus jeune âge, à se « couper en

---

1. Benoît Peeters, *Le Monde d'Hergé*, Casterman, Bruxelles, 1983.

deux », c'est-à-dire à avoir deux personnalités différentes selon les circonstances. D'un côté, il y a le Hergé qui connaît le secret, qui en pressent l'importance, qui en est le porteur : descendant d'un grand-père illustre, fils aîné de son père, ne se doit-il pas, d'une certaine façon, d'être « illustre » lui aussi ? Et, d'un autre côté, il y a le Hergé qui a appris, comme c'est toujours le cas pour un enfant dans une famille où il existe un secret, à *ne pas entendre, à ne pas voir, à ne pas dire*.

Sous l'effet de l'interdiction de connaître le contenu du secret qui pèse dans ces familles, les enfants qui en font partie développent une véritable personnalité seconde. Le secret n'est plus pour eux « un secret », c'est-à-dire quelque chose qu'on doit garder secret. Il devient quelque chose *qui n'a jamais existé*, tandis que la « version officielle » destinée à cacher le secret et à le faire oublier devient « la vérité » : non plus une histoire officielle, mais « l'histoire », la seule. On peut imaginer l'effort que dut faire Marie Dewigne pour taire l'identité du géniteur secret et illustre des jumeaux. Cet homme fut en effet le seul dont elle eut des enfants, et, autant qu'on le sache, elle ne vécut jamais avec aucun compagnon. Combien de fois alors sa langue dut-elle la démanger de révéler le nom de cet homme qui avait été son amant et demeurait à jamais le père de ses seuls enfants ! Que d'efforts dut lui demander la préservation de ce secret ! Par contre, c'est probablement sans effort qu'Hergé rapporte le côté triste et renfermé de son père au seul fait « d'avoir été très tôt orphelin ». On mesure le chemin parcouru : sur deux générations, le secret a perdu son caractère de secret qu'on cache. Il a littéralement disparu, et seul existe pour Hergé, comme explication à la tristesse et à la probable souffrance de son père, la partie de la réalité qui ne doit rien à ce secret (ou du moins, c'est ce que la version officielle veut croire) : la mort précoce de Marie Dewigne à quarante et un ans.

Ainsi coexistèrent pendant de nombreuses années deux « Hergé » : l'un qui connaissait l'existence du secret douloureux et en transposait certains éléments essentiels dans son œuvre ; et l'autre qui l'ignorait. Cela ne se comprend que si nous avons à l'esprit que ces deux parties de Hergé n'avaient aucun contact entre elles, chacune ignorant ce que disait ou faisait l'autre. D'un côté, Hergé rêvait autour de ses origines secrètes et énigmatiques, et les transposait à son insu dans son œuvre ; et d'un autre côté, rien d'autre ne lui venait à l'esprit, pour expliquer la tristesse de son père, que

Hergé a dit l'importance pour lui, dans son enfance, de l'ouvrage Sans famille, *d'Hector Malot, dont le héros se nomme Rémi. A un accent près, son propre patronyme (Georges Remi).*

(Vignettes extraites de *Sans famille*. Éditions Hetzel)

Comme le sera plus tard Tintin, le jeune Rémi de l'ouvrage d'Hector Malot est "sans famille", et il a pour compagnon un chien blanc fidèle, attentif et dévoué.

le fait qu'il ait perdu sa mère très tôt. Le secret avait été totalement intégré à l'histoire familiale. Hergé créateur connaissait une vérité que le Hergé officiel ne devait pas savoir. Et toute trace du secret déposé dans *Les Aventures de Tintin* par la partie de lui-même obligée d'œuvrer « clandestinement » ne pouvait que lui revenir comme une étrangeté... Il ne reconnaissait pas cette partie comme étant sienne.

Pourtant, il n'en a pas toujours été ainsi. Hergé enfant a dû *apprendre* à être divisé. En effet, on peut imaginer que non seulement le nom du grand-père était caché au petit George Remi et à son frère, mais aussi la situation de fille-mère de leur grand-mère. Cette situation était loin d'être admise au début du siècle, alors que Hergé était encore en âge de poser les questions « naïves » – et tellement dérangeantes lorsque existe un secret familial ! – que pose tout enfant : « Où est enterré grand-mère ? » « Où est grand-père ? » « Quand se sont-ils mariés ? », « Pourquoi grand-père Remi a-t-il disparu ? », etc. Rappelons qu'on disait, il y a peu encore, d'une femme enceinte hors de tout lien matrimonial, qu'elle avait « fauté » ! Mot affreux et combien terrifiant pour un enfant élevé dans la religion chrétienne et dans l'ignorance des choses du sexe : Comment avait-elle bien pu « fauter » ? « Était-ce grave ? » « Très grave ? » « Un péché véniel ou un péché mortel ? » « Était-elle allée en enfer pour cela ? » Alors, ni Alexis, ni Georges ne la retrouveraient « au ciel » ?

Et puis « Pourquoi pépé Remi n'est-il pas resté à élever ses deux enfants ? » « Mon père avait-il commis quelque faute pour que pépé Remi n'ait pas voulu l'élever, ou bien est-ce ma grand-mère qui aurait commis une faute si grave pour que son mari la quitte aussitôt ? » Autant de questions qu'un enfant ne peut pas s'empêcher de se poser, et d'autres encore, comme : « Si mon grand-père a quitté mon père, mon père à son tour peut me quitter ; je dois donc être très sage. » Ou encore : « Cette dépression de mon père dont il ne me dit rien, mais que je vois bien, est-ce moi qui en suis le responsable ? Mais qu'ai-je fait pour le rendre ainsi ? Que puis-je faire pour tenter de le rendre moins replié, moins morose, moins triste ? Être un bon fils pour lui ? Correspondre à ses attentes ? Mais il parle si peu... »

Et surtout, lancinante, minante, ravageuse, la question qui les recouvre toutes, et qui ébranle tout enfant d'une famille où existe un secret : « Mes parents – mon père – me dit-il bien toute la vérité ? Me mentent-ils ? Mais pourquoi ? Qu'y a-t-il donc de si affreux, de si honteux que mon père me le cache ? Ne suis-je pas digne qu'on m'en parle ? Ai-je fait une bêtise pour qu'on me cache cette vérité sur mon nom ? »

Ces questions ont été probablement, pour le jeune Hergé, les plus intenses. Car si on parlait aux enfants d'Alexis de leur grand-père qui « passait par là », et du rôle merveilleux de la femme riche qui avait pris les jumeaux sous sa protection, il est bien peu probable qu'on leur ait parlé du mariage « blanc » de Marie Dewigne (que veut dire ce mot pour un enfant ?) et du changement de patronyme d'Alexis et Léon lorsqu'ils avaient onze ans.

Une zone d'ombre subsistait donc, empoisonnant la tranquillité du jeune Georges. Un ancêtre mythique, prestigieux, innommable... Peut-être était-ce le roi lui-même ? L'enfant développa un culte très vif, anachronique chez un garçon de son âge, pour le roi des Belges d'alors. Mais cela ne suffisait pas à apaiser sa curiosité.

C'est une tendance générale du psychisme d'un enfant de s'imaginer, face aux difficultés qu'il rencontre avec ses propres parents, qu'il est né d'autres parents, plus riches ou plus prestigieux. Freud a donné à de telles constructions le nom de « roman familial ». Mais, dans le cas de Hergé, cette tendance se trouvait considérablement exagérée – encouragée – par l'existence du mystère portant sur l'origine prestigieuse, à la fois réelle et secrète, de son propre père.

Pour quiconque a été soumis, dès l'enfance, à un secret familial, la nécessité d'une reconstruction se fait toujours sentir. Celle-ci favorise parfois les créations d'une œuvre, mais, le plus souvent, il s'agit d'une histoire que l'individu

L'entourage du jeune Rémi "fait mystère du nom de ses parents", tout comme on faisait mystère, autour de Hergé, de celui de son grand père énigmatique.

ne raconte qu'à lui-même, et qui reste en quelque sorte son « jardin secret ». Cette histoire prend alors la forme d'une mythologie personnelle ou familiale, ou de convictions indémontrables relatives à ce qu'aurait été la vie d'un ancêtre. Mais l'important est de comprendre que toutes ces reconstructions – qu'elles empruntent le chemin d'une œuvre ou qu'elles restent à usage privé – ont un caractère *mythique*. C'est-à-dire qu'elles n'ont rien à voir avec le « roman familial » tel que Freud l'a défini. Celui-ci repose en effet sur les fantasmes portés par les désirs refoulés de l'enfant à l'égard de ses deux parents. Au contraire, les reconstructions imaginaires effectuées par l'enfant confronté à un secret familial répondent d'abord à la nécessité de symboliser, en les prenant dans leur ensemble, des bribes d'informations mystérieuses et contradictoires auxquelles il a été confronté dans sa famille. Ainsi, non seulement ces « histoires » ne sont pas bâties à partir des désirs refoulés de l'enfant, mais, à l'inverse, elles sont même le moyen par lequel celui-ci tente de se familiariser avec le secret de ses parents ou de ses grands-parents.

Ces constructions infantiles, pour une grande part conscientes chez l'enfant, vont ensuite être « refoulées » sous l'influence de l'interdiction de connaître et de comprendre le secret qui pèse dans la famille. Autrement dit, elles vont disparaître de la conscience... tout en continuant à être actives sur les choix, les orientations et les préoccupations de l'enfant, puis de l'adulte qu'il devient.

Que furent ces constructions chez Hergé ? Sans doute tournèrent-elles autour des figures énigmatiques d'un roi, d'une grande dame... Nous ne pouvons guère en savoir plus.

"Je restais devant ces questions accablé de mon impuissance, et je me disais que je me frapperais inutilement et à jamais, en pleine nuit noire, la tête contre un mur dans lequel il n'y avait pas d'issue. Et cependant il fallait chanter, jouer des airs de danse et rire en faisant des grimaces, quand j'avais le coeur si profondément triste".
(Sans famille - Editions Hetzel)
Ces réflexions du Rémi n'ont-elles jamais été celles de Hergé, confronté, après son père, à l'énigme de ses origines ?

Par contre, ce que nous savons – car de cela, Hergé en a parlé – c'est autour de quelles images et de quels scénarios il a tenté de combler les silences familiaux quant aux origines de son père.

Pendant l'enfance de Hergé, au début du siècle, il n'existait ni cinéma, ni télévision, ni bande dessinée. Comme il est bien peu probable que son père, sa mère ou ses grands-parents lui aient raconté des contes – car alors, Hergé en aurait parlé – les seules histoires imaginées auxquelles il était confronté enfant étaient celles qu'il pouvait découvrir dans ses lectures. Ces ouvrages le confrontaient parfois à des énigmes, tout comme sa propre situation familiale marquée de silence et de non-dits. Mais, à la différence de sa situation familiale, les histoires de fiction que lisait le jeune Georges Remi trouvaient en définitive leur explication et leur dénouement : les parents retrouvaient leurs enfants, les enfants leurs parents, et chacun était heureux. Les épreuves constituent en effet en général dans les romans d'aventures le chemin initiatique au bout duquel sont atteintes maturité, sagesse, intégration au monde des adultes ; et, lorsqu'il y a eu séparation, retrouvailles familiales. Ces ouvrages de fiction offraient au jeune Georges, comme à tout enfant, un miroir des difficultés rencontrées sur le chemin du devenir adulte. Mais en même temps, elles pouvaient lui offrir un modèle pensable du secret familial impensable auquel il était confronté. Il ne manque pas, en effet, dans la littérature pour enfants, d'histoires de garçons séparés de leurs parents, confiés à des étrangers, ignorant de leurs propres origines ! Ces aventures pouvaient constituer pour le jeune Georges à la fois un miroir de la situation de

A la différence de Tintin qui a deux amis, Milou et Haddock, le jeune Rémi a pour seul compagnon son chien. Mais celui-ci s'appelle "Capi", qui est le diminutif de capitaine!

son père et de la sienne propre : si le père de son père était un homme illustre qui « passait par là », si les enfants pouvaient ainsi se concevoir si facilement, pourquoi lui, le jeune Georges, n'aurait-il pas été conçu dans les mêmes conditions ?

En même temps, ses lectures apportaient au jeune Hergé, à travers la mise en forme de ses rêveries, des débuts d'explication. L'influence de celles-ci se retrouve, bien au-delà de ses constructions de jeunesse, jusque dans le choix de personnages et de mises en scène de *Tintin*. Venons-en en effet aux ouvrages qui, d'après Hergé lui-même, ont accompagné son enfance.

Hergé nous a parlé à deux reprises de ses lectures d'enfance, la première fois à Numa Sadoul, puis à l'occasion d'une enquête à laquelle il répondit en 1975[1].

A Numa Sadoul, Hergé précise d'abord que ses lectures de jeunesse étaient peu nombreuses. Puis il cite : « Hector Malot *(Sans famille)*, la comtesse de Ségur – mais uniquement *Le Général Dourakine* –, les *Fables* de La Fontaine illustrées par Benjamin Rabier, *Roi et Paysan* d'un auteur inconnu... Plus tard, *Les Trois Mousquetaires* et un recueil d'images d'Épinal[2]. »

Le 16 janvier 1975, Hergé accepte de se soumettre à un mini-sondage dans lequel il lui est demandé de classer les dix livres qu'il a le plus aimés. Il répond que l'ordre de ses

---
1. Je remercie Yves Horeau de ces précisions ainsi que d'avoir attiré mon attention sur *Sans famille* de Hector Malot.
2. Numa Sadoul, *op. cit.*, p. 24.

préférences, qui correspond d'ailleurs à l'ordre chronologique, est le suivant[1].

- 1. *Sans Famille* (H. Malot)
- 2. *Robinson Crusoé* (D. Defoë)
- 3. *L'Ile au Trésor* (R.L.B. Stevenson)

En 1963, dans *Les Bijoux de la Castafiore*, Hergé a d'ailleurs rendu hommage à *L'Ile au Trésor* en montrant Tintin en train de lire cet ouvrage. Quant à Robinson Crusoé, son souvenir est évident dans l'épisode du chevalier de Hadoque isolé sur son île et vivant comme un Robinson au milieu des indigènes. On peut imaginer que si Hergé avait lu, enfant, *Le Comte de Monte-Cristo* ou *Le Masque de fer*, les aventures de Hadoque, et même peut-être celles de Tintin, auraient été différentes. Nous voyons pourtant que les influences de Robinson ou du jeune héros de Stevenson sur Hergé sont limitées. Nous sommes ici dans le domaine des influences lointaines qu'exerce toute œuvre sur son lecteur, et qui se retrouve dans ses propres créations s'il devient créateur.

Par contre, tout autre est le cas de l'ouvrage cité en tête de liste par Hergé dans les deux questionnaires auxquels il accepte de répondre : *Sans famille*, de Hector Malot. Cet ouvrage contient en effet des coïncidences nombreuses et précises à la fois avec l'histoire familiale de Hergé et avec *Les Aventures de Tintin*.

Tout d'abord, le livre raconte les aventures d'un petit garçon dont le prénom est « Rémi », c'est-à-dire identique, à un accent près, au patronyme de Hergé, « Remi » ! Cet enfant a été enlevé, encore bébé, à ses véritables parents, de riches aristocrates, pour être confié à de pauvres gens. Et son origine noble est finalement révélée – comme dans le cas des jumeaux Alexis et Léon ! – par la qualité de ses vêtements : de « beaux linges de dentelle » qui indiquent clairement « qu'il appartenait à des parents riches ». Ajoutons encore que, dans la famille d'accueil du jeune Rémi, l'un des frères se prénomme Alexis (comme le père de Hergé !) et l'une des sœurs Lise (alors que la mère de Hergé s'appelait Lisa !). On imagine alors l'impact émotionnel produit sur le jeune Georges Remi par la lecture du roman de Malot ! Hergé enfant a pu trouver dans ce texte le support de rêveries très proches de celles que pouvait lui inspirer le secret de l'origine de son père. En effet, si les questions et les hypothèses autour des ascendances nobles d'Alexis Remi

---

1. *Amis d'Hergé*, bulletin n° 3, p. 13.

étaient condamnées à rester sans réponse, voire étaient informulables, rien n'empêchait le jeune Hergé de rêver autour des ascendances nobles du jeune Rémi du roman de Hector Malot ! Les anecdotes de cet ouvrage prenaient alors peu à peu pour lui la place de l'histoire manquante des jumeaux et venaient combler les questions restées sans réponse de leur histoire. Hergé, devenu grand, oublia probablement une grande partie, si ce n'est l'ensemble, de ses rêveries autour de *Sans famille*, en même temps qu'il renonçait à connaître le dernier mot des origines de sa propre famille. A moins – ce qui est le plus probable – qu'il n'ait eu connaissance de l'origine illustre des jumeaux que tard, et que l'ouvrage de Hector Malot ait pendant longtemps accaparé ses intuitions d'enfant autour d'une origine noble de son père sans que rien, dans l'entourage des adultes, ne vienne le confirmer ou le démentir. Hergé pouvait alors, en rêvant à ce roman, se cacher à lui-même la quête d'une vérité que le silence familial et la crainte de faire du mal à son père par ses questions rendaient impossible.

Quoi qu'il en soit, les repères du roman *Sans famille* s'inscrivirent si bien dans le questionnement de Hergé autour de ses propres origines que, lorsqu'il se lança lui-même dans une œuvre, ce sont ces repères qu'il posa d'abord. Il fit de Tintin, à l'image du jeune héros de Hector Malot, un voyageur infatigable et « sans famille » ; il lui donna un compagnon canin, Milou, qui est le répondant parfait du chien « Capi » qui accompagne le jeune Rémi dans ses aventures ; et, lorsqu'il imagina un compagnon humain à Tintin, ce fut le « capitaine », où l'on retrouve le souvenir du nom du chien ami de Rémi dans l'œuvre d'Hector Malot, puisque ce nom – Capi – y est présenté comme le diminutif de « Capitaine » ! Hergé donna également à ses héros, entre autres adversaires, un certain « Allan », alors que l'un des sinistres ennemis de Rémi s'appelle « Allen ». Enfin, il appela le château familial des ancêtres de Haddock d'un nom qui rappelle celui de la famille noble du petit Rémi dans *Sans famille* : dans le roman de Hector Malot, le manoir familial du jeune héros s'appelait « Milligan », nom, formé à partir du mot anglais *mill* qui signifie « moulin » ; Hergé appellera le château offert par le roi Louis XIV au chevalier de Hadoque « Moulinsart »…

5

TINTIN ET LA « VÉRITÉ HISTORIQUE »

Dans *Un souvenir d'enfance de Léonard de Vinci*, Freud nous montre comment l'enfance de Léonard à proximité d'une mère solitaire et aimante, puis son brutal éloignement d'elle vers l'âge de cinq ans pour être confié à son père, ont marqué profondément sa vie et son œuvre. Freud a choisi le titre de son ouvrage d'après un souvenir d'enfance du maître, en fait probablement un souvenir inventé : un vautour aurait frappé Léonard, tout bébé, entre les lèvres, avec sa queue ! Freud retrouve la représentation du grand oiseau dans plusieurs tableaux de Léonard de Vinci. Mais surtout, il voit dans cet animal (suivant d'ailleurs en cela la tradition de l'écriture sacrée hiéroglyphique égyptienne dans laquelle la mère est représentée par un vautour doté d'un phallus) la représentation d'une mère toute-puissante. C'est cette image qui aurait « porté » Léonard dans son génie. Elle aurait été constituée à partir des liens intenses et exclusifs tissés entre Léonard enfant et sa mère. La violence des premiers émois sensuels de Léonard aurait produit, une fois la curiosité qui leur était attachée déviée vers d'autres domaines, une inactivité sexuelle jointe à une soif universelle de savoir. En même temps, Léonard a dû apprendre à se passer de père, ce qui lui aurait permis une liberté exceptionnelle dans sa création, loin de tout modèle établi, au prix, il est vrai, de se désintéresser totalement de ses œuvres une fois terminées. Enfin, nous dit Freud, cette période d'amour exceptionnel entre Léonard et sa mère aurait déterminé le thème dominant de ses tableaux : des visages féminins ou efféminés, marqués « d'un regard mystérieusement vainqueur, comme s'ils connaissaient un grand triomphe de bonheur que l'on doit taire ». « Le sourire ensorceleur que nous connaissons laisse deviner qu'il s'agit d'un secret d'amour », ajoute Freud, pour conclure qu'il s'agissait du secret de la réalisation des désirs de l'enfant autrefois fasciné par sa mère. Freud, il est vrai, terminait son étude magistrale – la première du genre – plutôt modestement : « La psychanalyse reste impuissante à expliquer ces deux particularités de Léonard : sa tendance extrême au refoulement des instincts, et son extraordinaire capacité à la sublimation des instincts primitifs. » Mais une impulsion décisive avait été donnée à l'application de la psychanalyse aux œuvres d'art. Une impulsion, mais aussi un cadre. Ce cadre, c'est celui de l'explication des particularités de l'œuvre d'un auteur à partir des particularités connues de sa biographie, et en particulier de son enfance. Freud indiquait une voie. Il y était prudent. Malheureusement, à sa suite, la critique psychanalytique des œuvres et des auteurs s'est bien souvent engagée dans une caricature inutile, un jeu stérile de « correspondances » entre une œuvre et la biographie de son auteur. En effet, dans de telles études, la psychanalyse se trouve réduite à n'être qu'un dictionnaire de symboles pré-établis. Pour « déchiffrer » une œuvre, il « suffirait » de rapporter certaines de ses images à leur « sens caché » que Freud a découvert à partir de son étude des rêves. Ainsi, un clocher, un parapluie ou un serpent signifieraient un sexe masculin, une boîte ou un coffret signifieraient un sexe féminin, et les « moyens de transport » signifieraient les relations sexuelles ! Selon cette méthode, on a pu voir dans le « bijou » dont la Castafiore craint le vol le symbole de sa précieuse virginité. De telles significations, et bien d'autres qu'on peut dégager de la même manière, ne sont pas forcément fausses. Le créateur, comme chacun d'entre nous, participe d'un fond culturel inconscient et il est inévitable qu'il y puise des images. Mais il est particulièrement paradoxal de vouloir expliquer le travail d'un *créateur* en s'attachant à ce qu'il a justement de moins créatif, c'est-à-dire l'utilisation de symboles figés, immédiatement disponibles, qui constituent une espèce de « prêt-à-porter » banalisé par la psychanalyse ! D'ailleurs, le fait que de telles tentatives soient tout aussi bien réalisées par des non-psychanalystes que par des psychanalystes montre le peu qu'elles doivent à la psychanalyse comme science, quel que soit le respect trompeur dont elles témoignent à l'égard de la psychanalyse comme savoir et pouvoir constitués.

Freud, il est vrai, a parfois lui-même cédé à la tentation d'un symbolisme figé, en particulier dans *L'Interprétation des rêves*... Il aurait sans doute aimé croire à la possibilité d'une théorie psychanalytique qui « décode » les images du rêve comme le faisaient les anciennes « clés des songes » populaires, c'est-à-dire en faisant correspondre à chaque image un sens précis et univoque. Mais, parallèlement à cet aspect de son œuvre – qui est malheureusement le plus connu parce que le plus simple –, Freud mettait aussi en

(Le Temple du soleil)

Un exemple à ne pas suivre... Confondre systématiquement, comme les Dupondt, le sens propre et le sens figuré.

garde contre toute interprétation des rêves qui ne tienne pas compte des associations propres du rêveur. Et il proposait en parallèle une autre méthode d'interprétation des rêves et des symptômes qu'on pourrait appeler « hiéroglyphique » et non plus « symbolique ». Selon cette méthode, toute image d'un rêve signifie non pas un objet, mais un mot ou un fragment de mot. Le rêve dans son ensemble est alors considéré comme l'animation visuelle de signes verbaux, et il doit être « déchiffré comme un rébus », selon la formule célèbre de Freud. De façon générale, l'important, dans une telle perspective, est moins la compréhension du rêve lui-même que celle du processus qui aboutit à sa production. C'est pourquoi, dans ma tentative de découvrir une éventuelle signification cachée dans *Les Aventures de Tintin*, j'ai décidé de n'accorder aucune importance à la grille habituelle et stéréotypée des correspondances toutes faites. Cette œuvre n'était pas pour moi une succession de « signes » à « traduire », mais le résultat d'un processus original de symbolisation dont il convenait d'abord d'établir les règles avant de chercher à les interpréter. Avant de vouloir « traduire » des symboles, il est indispensable de comprendre d'abord le monde symbolique particulier propre à chaque auteur qui leur donne naissance. Et cette compréhension ne peut passer que par le rapprochement et le déchiffrage des indices présents dans l'œuvre qui y donnent accès. Pour comprendre *Tintin* du point de vue des traces de l'inconscient de Hergé qui s'y trouvent, il fallait donc d'abord faire une hypothèse sur la logique qui inspire cette œuvre indépendamment de tout présupposé sur la biographie de son auteur ; puis tester la cohérence de cette hypothèse en tentant, dans un deuxième temps, de donner une valeur symbolique à chacune des particularités de cette œuvre en relation avec l'hypothèse proposée ; enfin, dans un troisième temps, et dans un troisième temps seulement, indiquer des liens possibles entre cette reconstruction et certains faits

Dans le langage des images, il arrive qu'une chose soit désignée pour attirer l'attention sur son nom, comme ici les moineaux montrés du doigt par la victime pour indiquer l'identité des assassins, les frères "Loiseau".

(Le Secret de La Licorne)

connus de la biographie de son auteur, et surtout tenter d'éclairer cette biographie d'hypothèses nouvelles proposées à partir des découvertes faites dans l'œuvre. Cette démarche a pu sembler à certains lecteurs – tout au moins avant que mon hypothèse principale ne se trouve confirmée par le dévoilement de l'histoire familiale de Hergé – relever d'un style d'exploration plus proche de l'enquête policière (à partir des albums de Hergé bien entendu !) que de la recherche psychanalytique ! Pourtant, si elle évoque Sherlock Holmes plutôt que Freud, c'est parce que la psychanalyse est trop souvent confondue avec un catalogue de symboles ! Dans son exploration critique, le psychanalyste ne peut faire autrement que de se comporter d'abord en sémiologue. Il recueille des indices sans savoir encore quelle signification il leur accordera, ni même s'il les retiendra dans sa reconstruction définitive, mais il vient un moment où l'accumulation de ces indices lui permet de formuler une hypothèse, et celle-ci l'amène à envisager de nouveaux indices que, peut-être, il avait jusque-là délaissés, à moins que cette hypothèse ne soit, au vu de nouveaux indices, abandonnée au profit d'une nouvelle.

Pourtant ce travail se différencie totalement de celui du sémiologue lorsque le psychanalyste met en relation certains éléments de l'œuvre avec des événements de la biographie de son auteur. Ce rapprochement nécessite en effet la prise en compte des multiples mécanismes par lesquels le sujet organise son mode intérieur sous l'effet des événements qui lui adviennent, puis de la façon dont l'œuvre est à son tour organisée en relation avec ce monde intérieur. Pas plus que le monde intérieur de chacun n'est le pur reflet des événements qui lui sont survenus, l'œuvre n'est le pur reflet du monde intérieur du créateur. Tout d'abord, dans son enfance, celui-ci met en place des images et des représentations qui reflètent tout autant les situations auxquelles il est confronté que celles qu'il imagine pour tenter de maîtriser

Dans le langage des images, il arrive de même qu'un nom - comme ici le titre d'un opéra - soit choisi pour attirer l'attention sur une situation bien réelle.

(Les Bijoux de la Castafiore)

(Le Crabe aux pinces d'or)

La dépression peut être le résultat d'une angoisse liée à un secret familial...

les événements ou s'en dégager. Et son œuvre d'adulte témoigne de celles-ci autant que celles-là. Par ailleurs, l'œuvre peut réaliser la mise en scène d'images et de représentations qui occupent une place majeure dans le monde intérieur du créateur, mais tout aussi bien celle d'images et de représentations qui n'y ont qu'une place minime, mais auxquelles le créateur, par sa création, tente justement de donner une place essentielle. Enfin, certaines représentations sont créées parce que le créateur s'en libère en les objectivant dans son œuvre, alors que d'autres le sont afin que le créateur puisse en installer en lui la représentation ainsi construite. Dans tous les cas, la compréhension des réactions du futur créateur aux événements qui se sont passés autour de lui est déterminante pour comprendre la dynamique de son œuvre.

Lorsqu'il a existé un secret de famille, comme dans le cas de Hergé, nous avons vu que l'angoisse de l'enfant est très forte. Pressentant qu'on lui cache quelque chose, il est accaparé par deux séries de questions bien plus essentielles pour lui que le fragment de l'histoire familiale en cause dans le secret : « Mes parents me mentent-ils ? » et « Pourquoi me mentiraient-ils ? » Confronté à la nécessité de cacher ces sentiments pénibles, l'enfant peut y réagir de plusieurs façons.

Si sa curiosité résiste à cette épreuve – car parfois, elle y disparaît totalement –, elle peut se tourner vers des centres d'intérêt sans rapport avec le secret, comme une recherche scientifique ou pseudo-scientifique ; l'enfant tente alors d'isoler les questions pénibles dans une partie de son esprit en établissant autour d'elles de solides défenses et en développant une pensée rationnelle coupée de toute émotion censée l'entraver. D'autres fois, l'enfant peut développer des « crises de nerfs » et des comportements d'opposition apparemment dénués de tout sens, par lesquels il expulse en quelque sorte hors de lui les angoisses et les colères que ces questions font surgir en lui. Enfin, il peut tenter de rattacher ses émotions pénibles à des images afin d'en maîtriser la charge excitatoire. La première de ces attitudes tente de nouer alliance avec le déni familial en l'adoptant (l'enfant, faute de pouvoir connaître le contenu du secret, tente de se rendre complice de son maintien) ; la seconde, qui accompagne souvent la précédente, témoigne de l'échec du clivage (l'angoisse et la colère face à cette situation font valoir leur caractère inextinguible) ; enfin, la troisième de ces attitudes tente de gérer les émotions en leur accolant des représentations, c'est-à-dire en essayant de leur donner un support pensable. Mais, faute de connaissance des situations qui lui sont cachées, l'enfant est condamné à construire ces images de manière extrêmement composite. Pour une part, il les crée à partir de ses propres fantasmes ; pour une autre part, à partir des images qu'il reçoit de ses parents (c'est-à-dire que ceux-ci lui imposent dans leur discours) ; et enfin, pour une part, il peut, le cas échéant, emprunter des représentations à des œuvres auxquelles il est confronté. Sur le chemin de ses propres fantasmes, il rencontre inévitablement les images relatives à l'activité sexuelle de ses parents – qui, en règle générale, et heureusement, lui est également cachée – ; sur le chemin des images qu'il reçoit de ses parents, il rencontre leurs fantasmes et leur vie psychique souvent inconnue d'eux-mêmes ; enfin, sur le chemin des œuvres littéraires, graphiques ou cinématographiques qu'il croise, il est confronté aux témoignages d'imaginaires étrangers à sa propre histoire, tant personnelle que familiale. A travers son intérêt pour eux, l'enfant de parents porteurs de secrets tente en quelque sorte de fixer des questions, des représentations ou des images en rapport avec son questionnement, mais d'une façon qui lui reste suffisamment obscure à lui-même pour qu'il n'ait pas l'impression de transgresser « l'interdit de savoir » qui pèse sur le secret familial. De telles œuvres constituent pour l'enfant des points d'appui à ses rêveries secrètes et à ses questions informulables autour du secret familial. Les récits contenant, de façon explicite ou implicite, des histoires de secret, polarisent ainsi de façon privilégiée l'attention des enfants de parents porteurs de secrets ; et l'enfant – puis l'adulte qu'il devient – peut se trouver accaparé, sans lui-même en connaître la raison, par des anecdotes, des récits ou des œuvres qui présentent avec le secret indicible une certaine proximité.

Nous voyons donc que les constructions que l'enfant se fait à lui-même autour des secrets familiaux sont des êtres hybrides mêlant non seulement ses fantasmes – et ses théories sexuelles infantiles – à ceux de ses parents, mais aussi à ceux d'étrangers à sa propre histoire. De même qu'une œuvre ne reflète jamais la vie de son créateur, de telles constructions ne reflètent donc jamais les situations familiales frappées de secret. Il serait plus juste de dire que de telles constructions sont des *ponts symboliques* jetés vers la rive du secret familial à partir du « moi » du sujet. Il s'en faut que ces ponts parviennent toujours à la route qui pourrait mener au continent noir de la préhistoire familiale !

(Le Crabe aux pinces d'or)

Tout comme la délinquance ou la toxicomanie, et en particulier l'alcoolisme.

A la fin de son parcours, les personnages de Hergé ont complètement changé.

(Vol 714 pour Sidney)

Quant à l'œuvre du créateur adulte, elle ne témoigne pas seulement de ses constructions infantiles, mais aussi des multiples remaniements que, adolescent, puis adulte, il leur a fait subir (sans parler des remaniements que les moyens d'expressions choisis par le créateur leur impose, que ce soit la narration romanesque, le dessin, la peinture, le cinéma, etc.[1]). On mesure alors la modestie dont il convient de faire preuve lorsqu'on aborde la trace des secrets familiaux dans une œuvre ! Les espaces qui la constituent sont en fait les fragiles édifices dont la personnalité s'est peu à peu constituée, et les secrets n'en sont qu'une petite partie. Une œuvre est en cela comparable à une église moyenâgeuse bâtie avec des morceaux de temples grecs ou romains qui lui préexistaient et dont la construction, s'échelonnant sur une longue période, témoignerait en outre des styles successifs qui l'auraient inspirée. Ainsi s'explique qu'une porte ouverte sur un fantasme personnel (par exemple une théorie sexuelle de l'enfance ou un roman familial cher à Freud) puisse communiquer dans l'œuvre avec un drame familial bien réel, ou conduire à une série de références empruntées à une œuvre du passé... Et si je me suis intéressé ici uniquement aux traces déposées dans *Tintin* par un secret familial douloureux, cela ne veut pas dire à mes yeux que cette œuvre ne contienne pas des témoignages de problèmes propres à Hergé. Mais j'ai voulu montrer que ces témoignages (de l'ordre de la préoccupation œdipienne par exemple) ne sont présents que parce qu'ils entrent en résonance avec les préoccupations de Hergé relatives au secret familial.

L'histoire souterraine qui parcourt comme une hantise les albums de *Tintin* ne correspond donc pas à sa réalité familiale cachée, mais à l'ensemble des rêveries qu'il orga-

---

1. J'ai exploré cet aspect dans *Psychanalyse de la bande dessinée*, PUF, Paris, 1987.

nisa, enfant, afin de remplir les blancs de sa généalogie et d'en gérer les contradictions. En particulier, les différents héros qu'il a imaginés en relation avec cette histoire ne correspondent pas aux personnages réels qui sont intervenus dans la création et la transmission du secret. Ils ne correspondent qu'à *un aspect* de ceux-ci en relation avec le secret. Comme nous l'avons vu, la Castafiore n'« est » Marie Dewigne que par le fait que l'une et l'autre se rejoignent dans une même attitude productrice de confusion ; et les Dupondt ne « sont » les jumeaux Alexis et Léon que par l'ambiguïté qui marque leur patronyme et la difficulté qui en résulte pour eux de comprendre symboliquement le monde.

Le secret construit par Hergé et sous-jacent à *Tintin* ne recoupe donc probablement que faiblement la réalité historique de la famille Remi. Peut-être le géniteur du père de Hergé était-il le roi des Belges lui-même, Léopold II – connu d'ailleurs pour avoir eu de nombreux « bâtards ». Mais il pouvait être aussi industriel ou notaire ou simplement un proche de la comtesse de Dudzeele. La sollicitude de la comtesse pour les jumeaux pouvait même relever de services que Marie Dewigne lui aurait rendus et dont nous ne saurons jamais rien. L'important n'est pas ici la « vérité historique » dont nous ne connaîtrons probablement jamais le dernier mot, mais le fait que ce secret familial ait créé pour Hergé les conditions propices à la constitution d'un ensemble d'images et de constructions mentales autour de deux séries de questions extrêmement préoccupantes : « Quel est mon patronyme ? Ai-je vraiment droit au nom de Remi ou bien à un autre qui m'est inconnu ? » et surtout : « Mon père me ment-il, et pourquoi ? » Le choix de son pseudonyme par Hergé témoigne d'ailleurs de telles questions, comme une façon de brouiller les pistes autour de son état civil : Georges Remi signa d'abord ses dessins de ses initiales « G.R. », qu'il inversa ensuite, avant d'en transformer l'orthographe en « Hergé ».

Une partie de ces questions, de ces images et des constructions en résultant a probablement été consciente pour Hergé au cours de son enfance. Et il est probable que c'est dans les albums où il se rapproche le plus de la question du secret de filiation – *Le Secret de La Licorne* et *Le Trésor de Rackham le Rouge* – qu'il se rapproche aussi le plus de ses constructions enfantines autour du secret familial, constituées à partir de ce qu'il savait de ce dernier, mais aussi à partir de ses lectures d'enfance, en particulier celles

(Les Sept Boules de cristal)

Confronté au secret d'une origine familiale qu'il pouvait imaginer royale, Hergé a pu rêver, enfant, de retrouver, comme le capitaine Haddock, le blason de ses origines.

de *Sans famille* et de *Robinson Crusoé*. La proximité dont Hergé témoigne dans ces deux albums avec ses fantasmes d'enfance est d'ailleurs sans aucun doute pour une grande part dans le succès qu'ils rencontrent auprès des enfants... Or c'est également dans ces deux albums que sont posées le plus précisément les bases d'une filiation prestigieuse, puisque le capitaine Haddock parvient à la fois à retrouver le château de son ancêtre et sa fortune cachée. Cette trouvaille, le petit George Remi, confronté au mystère de l'identité de son grand-père secret, y a probablement rêvé de manière consciente pour lui-même. Tout comme il s'est inspiré consciemment, ou d'une façon qui est devenue secondairement consciente, de son père et de son oncle dans la création des deux Dupondt. Par contre, il est peu probable qu'Hergé ait construit de façon consciente les coïncidences de dates qui donnent le chevalier pour être le fils bâtard de Louis XIV, pas plus que l'importance des lettres *K, A* et *R* dans la plupart des noms propres de son œuvre. Et il est totalement impossible qu'il se soit rendu compte de la signification généalogique du blason représentant un dauphin couronné qu'il a placé au fronton de Moulinsart dans *Les Sept Boules de cristal*. Ce blason se trouve en effet en contradiction absolue avec la rigueur narrative de Hergé autant qu'avec le soin qu'il mettait à purger son œuvre de détails anachroniques, à la manière d'un lapsus dans une phrase ! Au contraire, l'ensemble de ces particularités s'explique aisément si nous envisageons qu'elles relèvent, à des degrés divers, de l'action souterraine d'un ensemble de fantasmes inconscients organisés autour du thème d'une filiation prestigieuse et inavouable.

Cet abord de l'œuvre hergéienne répond enfin au problème souvent soulevé de l'absence de toute figure féminine dans *Tintin*. Si les femmes sont absentes de l'œuvre de Hergé (à l'exception de la Castafiore qui, comme nous l'avons vu, n'est pas une femme mais une mère), c'est parce que cette œuvre ne met pas en scène une collatéralité (un adolescent ou un adulte confronté à sa classe d'âge des deux sexes), mais les échelons successifs d'une généalogie. C'est-à-dire que cette œuvre ne témoigne pas des fantasmes de Hergé dans sa vie d'homme adulte, mais de ses fantasmes d'enfant gelés par un secret familial indicible. C'est pourquoi la seule femme importante pour lui, dans cette œuvre, ne peut être qu'une figure de mère tutélaire, matrone gardienne du secret, Bianca Castafiore.

CONCLUSION

Peut-être le lecteur se réjouit-il finalement de l'existence d'un secret dans la famille de Hergé ! Peut-être se dit-il : « Tant mieux ! Si la famille Remi n'avait pas eu son secret, nous n'aurions jamais eu *Tintin* ! » Hélas ! Si le secret douloureux dont Hergé portait la trace a imprimé fortement sa marque dans son œuvre, ce n'est certainement pas uniquement à cause de ce secret qu'il s'est engagé dans la création des *Aventures de Tintin*. Certaines personnalités exceptionnelles parviennent en effet à alimenter leur création des épreuves qu'elles traversent, et Hergé semble en avoir fait partie. S'il a su donner à chacun de ses héros une identité en rapport avec les personnages qui avaient marqué son enfance et ses rêveries autour d'eux, c'est au prix d'un travail acharné. D'ailleurs, sa « famille de papier » ne s'est pas constituée d'un seul coup, mais progressivement, au fur et à mesure de la maturation de son art, et aussi de son cheminement intérieur. Il est en effet probable que plus Hergé parvenait à se formuler, avec ses mots d'adulte, les questions qu'il avait dû retenir lorsqu'il était enfant, et plus les traces du secret de la famille Remi se précisaient dans son œuvre. Inversement, plus il donnait consistance, dans *Tintin*, aux constructions imaginaires qu'il avait réalisées, enfant, autour du secret familial, et plus il parvenait à se libérer du poids de ce secret.

Par ailleurs, s'il est difficile de fixer dans quelle mesure le secret familial des Remi a déterminé le choix de la bande dessinée comme moyen d'expression privilégié par Hergé, il est par contre probable que l'acharnement au travail du créateur de *Tintin* doit beaucoup à cette histoire familiale : Hergé n'a pas eu d'enfant de chair, mais un fils imaginaire parfait, Tintin. Un fils auquel il a consacré l'essentiel de son existence, et qui lui a en retour assuré la célébrité : le « père » a fait le « fils » et le « fils », en retour, a fait le « père ». Grâce à Tintin, Hergé s'est construit un « nom » qui ne doit rien au nom usurpé de l'ouvrier Remi, ni au nom gardé secret de son grand-père illustre.

Voici maintenant l'hypothèse que je suis amené à proposer sur le succès de *Tintin*. Nous avons vu que ces aventures sont une bande dessinée énigmatique construite autour d'un secret familial qui hanta Hergé, et dont il hanta à son tour son œuvre pour tenter de s'en libérer. Or la reconstruction que j'ai tenté d'opérer de l'énigme qui traverse cette œuvre appelle maintenant un commentaire sur la façon dont elle est plus ou moins perçue par ses lecteurs selon leur âge.

Pour le petit enfant « amoureux des cartes et des estampes » qui commence à tourner les pages des *Aventures de Tintin* et à en regarder les vignettes avant de savoir lire, il appartient de découvrir les détails incongrus de cette œuvre. Détails, comme nous l'avons vu, présents dans le dessin bien plutôt que dans le texte, comme le blason à dauphin couronné du début des *Sept Boules de Cristal*. L'incapacité de l'enfant à déchiffrer le texte l'amène à remarquer de tels détails bien mieux que l'adulte.

L'apprentissage progressif du langage et l'importance accordée dans cette phase aux sonorités, puis l'apprentissage de l'écriture qui privilégie les groupes syllabiques rendent ensuite l'enfant sensible aux coïncidences phonétiques présentes dans cette œuvre. Ainsi, alors que l'adulte retient, dans les bulles, le sens, l'enfant en période d'apprentissage de la lecture remarque plutôt les groupes phonétiques qui y reviennent de manière répétée. Il est en particulier peu probable qu'un enfant ne soit pas sensible à la répétition du son « KAR » dans la plupart des noms propres de *Tintin*.

Puis l'enfant qui grandit encore accentue son désir de s'éloigner au plus vite de l'enfance. Il repousse alors dans un coin sombre de sa mémoire ses premières découvertes pour ne s'intéresser, dans *Tintin*, qu'à ce qui le rapproche des adultes. Délaissant l'intérêt pour le trait et pour le détail des vignettes, il privilégie le contenu des textes et le mouvement général de cette œuvre. C'est le moment où l'enfant s'écarte de la lecture des détails pour tenter de saisir la globalité des scénarios et la complexité des intrigues. Mais c'est également le moment où, tournant le dos à ses premières découvertes, il perd un moyen précieux de comprendre l'énigme qui traverse cette œuvre.

Ainsi s'explique que le caractère énigmatique des *Aventures de Tintin* puisse constituer une incitation aussi puissante à leur relecture tout au long de la vie. Tout d'abord cette énigme a d'abord été perçue – et bien entendu non résolue – par le lecteur enfant, avant d'être oubliée par lui, mais d'une façon qui la rend confusément présente à l'horizon de toute lecture d'adulte. Et ensuite cette énigme concerne des questions que chacun se pose autour de ses propres origines ; questions toujours ouvertes où se mêlent aux rêveries refoulées de l'enfance les interrogations nées d'éventuels secrets familiaux ou de paternités énigmatiques. J'ai tenté, pour ma part, dans le travail qui s'achève ici, de retrouver ces trois niveaux complémentaires de l'œuvre, présents pour le créateur à chacun des moments de sa création, mais si rarement tenus ensemble par le lecteur : le niveau des détails de l'image, qui accapare d'abord seul le petit enfant encore illettré ; celui des sonorités et des phonèmes, auquel l'enfant qui commence à lire accorde toute son attention ; enfin celui des scénarios et des enchaînements narratifs, par lequel le lecteur adulte est si facilement tenté d'interpréter toute chose. Cette lecture plurielle a fait de moi le spectateur privilégié de ce qui, dans cette œuvre, témoigne d'un secret. Je me suis alors efforcé de rester fidèle à la préoccupation qui a guidé Hergé tout au long des *Aventures de Tintin* : réaliser une mise au jour de ce secret qui ne condamne ni ne culpabilise aucun de ceux qui y furent impliqués. Comme lui, j'ai tenté pour cela de remettre en communication les différents protagonistes du secret. Mais alors que l'artiste convie dans son œuvre des figures qu'il donne pour imaginaires (Haddock, les Dupondt, Tournesol, la Castafiore...), le psychanalyste appelle sur la scène de la sienne le souvenir des êtres de chair et de sang vis-à-vis desquels les attentes du créateur sont demeurées en souffrance.

CHRONOLOGIE DES ALBUMS DE TINTIN

1929 — **Tintin au pays des Soviets**
(N'ayant été ni ramené à 62 pages
ni mis en couleurs, cet album
n'a jamais été intégré par Hergé
à l'ensemble de la collection
des Tintin)
1930 — **Tintin au Congo**
1931 — **Tintin en Amérique**
1932 — **Les Cigares du pharaon**
1934 — **Le Lotus bleu**
1935 — **L'Oreille cassée**
1937 — **L'Ile noire**
1938 — **Le Sceptre d'Ottokar**
1940 — **Le Crabe aux pinces d'or**
1942 — **L'Étoile mystérieuse**
(premier album à bénéficier
de la restriction à 62 pages
et du passage du noir et blanc
à la couleur)
1943 — **Le Secret de La Licorne**
1944 — **Le Trésor de Rackham
le Rouge**
1947 — **Les Sept Boules de cristal**
1949 — **Le Temple du soleil**
1950 — **Au pays de l'or noir**
(album conçu en 1939, mais dont
l'achèvement fut différé à cause
de la guerre).
1952 — **Objectif lune**
1954 — **On a marché sur la lune**
1956 — **L'Affaire Tournesol**
1958 — **Coke en stock**
1960 — **Tintin au Tibet**
1963 — **Les Bijoux
de la Castafiore**
1968 — **Vol 714 pour Sydney**
1976 — **Tintin et les Picaros**

POST-FACE

Pour Hergé, l'étude est donc – provisoirement – close. Bien entendu, le secret familial douloureux qui a pesé sur lui a très probablement influencé sa vie privée. Mais cela ne regarde que lui et ses proches. Son œuvre seule est du domaine public, et c'est cette œuvre seule qui nous intéresse ici.

Pourtant, le lecteur se pose peut-être encore une question. Pourquoi me suis-je moi-même tellement intéressé à *Tintin* ? Si j'ai finalement décidé de répondre à cette question, c'est parce qu'elle ne concerne pas qu'une anecdote de ma vie personnelle. On peut d'ailleurs s'interroger pour savoir si la contribution la plus originale qu'un psychanalyste puisse apporter à la compréhension d'une œuvre n'est pas l'étude de sa propre implication en tant que chercheur ! Celle-ci nous introduit en effet au domaine des *résonances inconscientes* entre une œuvre et son spectateur, et, par conséquent, aux préférences de chacun pour telle ou telle œuvre de fiction, car un secret de famille peut non seulement susciter une curiosité d'enfant ou marquer une œuvre d'adulte. Il guide aussi les goûts de chacun, oriente ses intérêts, et, lorsqu'il est chercheur, peut même l'induire en erreur !

Lorsque j'écrivis *Tintin chez le psychanalyste*[1], je cédai à la tentation de situer le problème de filiation non résolue dont j'avais fait l'hypothèse du côté des ascendants maternels de Hergé. Bien qu'aucun des arguments que j'avançai alors ne me paraisse absolument pertinent, cela me semblait le plus probable. Cette erreur nous porte, on va le voir, au cœur des motivations créatrices de ma propre recherche sur *Tintin* et Hergé.

L'histoire est presque trop belle. Mais ne vais-je pas, en la racontant, diminuer mon propre mérite aux yeux du lecteur ? Maintenir dans l'ombre ce secret personnel autour

---

1. Aubier, Paris, 1985.

duquel se noue mon rapport particulier à *Tintin*, c'est laisser rapporter à ma seule méthode tout le mérite de ma découverte du secret familial de Hergé avant que ce secret n'ait été confirmé par sa biographie. Au contraire, le découvrir, c'est révéler au lecteur que ma recherche sur Hergé fut autant une recherche sur moi-même autant qu'une recherche sur le créateur de Tintin.

Pourtant, n'y a-t-il pas une autre façon de poser ce problème ? Non plus du point de vue des risques de cette révélation, mais du point de vue de la vérité de toute recherche psychanalytique ? Laisser ce secret personnel dans l'ombre, c'est en effet laisser croire que l'intelligence travaille seule, puisant en elle-même ses orientations et son énergie ; au contraire, révéler les résonances du secret familial de Hergé avec le secret familial qui m'était propre, c'est confronter le lecteur à la vérité de toute recherche psychanalytique. Celle d'une exploration qui emprunte aux œuvres – ou aux discours des patients – afin d'élucider les zones encore aveugles de son propre fonctionnement psychique. Car il n'y aurait pas de cure s'il n'y avait pas, entre patient et psychanalyste, une relative collusion psychique qui permette leur rencontre, et assure leur travail commun sur une base inconsciente.

De même, la réussite de l'étude psychanalytique d'une œuvre est impossible sans un réseau intense de résonances entre le créateur et son lecteur critique. Lors d'un travail de cure engagé entre un patient et un psychanalyste, ces convergences restent le plus souvent informulées. Au contraire, le travail sur l'œuvre non seulement permet, mais même encourage ce genre de retour du créateur sur sa propre motivation, et cela pour au moins deux raisons. Tout d'abord, le psychanalyste, à la différence de ce qui se passe dans la cure, y est dégagé de toute préoccupation thérapeutique. Il est donc plus disponible pour ce retour sur lui-même. Et ensuite, il fait à tout moment de son travail le choix de s'impliquer encore, alors qu'une fois un contrat passé avec un patient, il lui est bien difficile de l'interrompre... C'est-à-dire que le désir de découvrir une vérité cachée dans l'œuvre joue un rôle essentiel à chaque moment de la progression du psychanalyste dans sa recherche.

Cette histoire personnelle, la voici donc : dans sa banalité, certes, mais aussi dans son intrication particulière avec celle de Hergé. Car, très tôt, le chevalier de Hadoque prit pour moi la place d'un ancêtre familial énigmatique... Mais il est bien entendu aussi que ce récit est celui que je peux faire aujourd'hui après un long questionnement personnel, une interrogation auprès de ma propre famille... et mon travail sur Hergé.

Si j'ai souvent laissé entendre avoir été, dès l'enfance, un passionné des albums de *Tintin* qui existaient alors, je n'ai jamais signalé qu'il manquait à ma collection, que je partageais avec mon frère aîné, deux fleurons dont le lecteur a peut-être deviné les titres : *Le Secret de La Licorne* et *Le Trésor de Rackham le Rouge* ! Ces deux albums, je devais, pour les lire, me rendre chez mes grands-parents maternels, où j'allais une fois par semaine au moins, le jeudi, jour de congé scolaire en ce temps-là, avec ma mère. Il régnait parfois dans cette maison une atmosphère assez mystérieuse, faite de tristesse et de conversations chuchotées entre mère et fille, et dont je ne percevais que des bribes. Ma grand-mère était en outre très souvent malade, et mon grand-père accusé de mener – tout au moins, je le compris par la suite – une vie frivole. Pour l'enfant que j'étais, la figure du chevalier énigmatique et aventurier se surimpressionnait sans doute à celle du grand-père dont la vie était parsemée d'« aventures » ! Idéalisé par sa fille, n'était-il pas pourtant coupable de choses que je devais continuer à ignorer ? Ajoutons encore que je compris peu à peu qu'une histoire d'argent traversait le couple de mes grands-parents... On le voit, rien ne manque à cette histoire : un « aventurier », un secret, un « trésor » hypothétique et énigmatique... Et je me suis d'ailleurs demandé longtemps pourquoi je ne possédai jamais en propre les deux albums du *Secret* et du *Trésor*, et dus me contenter si longtemps de les lire à l'occasion de mes passages chez mes grands-parents. Je n'y vois aujourd'hui qu'une seule raison. C'est que, de tous les albums de *Tintin*, ce sont les seuls que je ne demandai jamais à mes parents de m'offrir ! Je découvris en effet d'autres titres de *Tintin* chez mes grands-parents, que je sollicitai au fur et à mesure afin de les avoir, à l'exception de ces deux-là ! Ils étaient sans doute si fortement liés pour moi au mystère qui planait sur mes grands-parents maternels que je ne pouvais concevoir leur présence que chez eux ! Seuls albums dans l'œuvre de Hergé à renvoyer le lecteur « en arrière », dans le passé d'une histoire généalogique, ils étaient pour moi indissolublement liés à la plongée dans le passé que représentait le fait d'aller dans leur appartement, qui était aussi celui où ma mère avait passé son enfance.

Un autre souvenir.

Vers l'âge de six ans, je dus subir la réprobation de

mon entourage pour avoir reproduit une vignette de Hergé dans mon cahier de classe (indépendamment de mon choix, reproduire une case de bande dessinée dans un cahier d'école paraissait alors totalement déplacé !) Celle où Tintin, dans *L'Oreille cassée*, regarde derrière lui dans un rétroviseur. En reproduisant cette mise en scène, je n'avais bien entendu alors pas d'autre intention que celle de reproduire une vignette qui me plaisait tout particulièrement. Mais ce choix, aujourd'hui, m'apparaît sous un jour totalement différent. En reproduisant cette vignette, j'en faisais un usage sans aucun rapport avec ce que Hergé y mit, pour qui elle ne constitua probablement qu'un chaînon de sa narration. Je la transformais, à mon insu, en manifeste de mon usage personnel et secret des *Aventures de Tintin* ! Cette vignette, en effet, témoignait visuellement de la façon dont les aventures imaginées par Hergé me permettaient de regarder « en arrière » de ma propre histoire, comme dans un rétroviseur, en direction de l'histoire familiale qui avait précédé ma propre existence. En outre, cette vignette que mon obstination mit à vouloir reproduire se caractérise par la mise en scène de « cadres » multiples : le cadre habituel à chaque case dans la bande dessinée y est redoublé par le cadre sombre de l'intérieur de la voiture, qui est lui-même redoublé par le cadre du pare-brise dans lequel s'insère l'image du paysage situé en avant, tandis que le rétroviseur propose un cadre minuscule dans lequel se reflète l'image de la voiture qui poursuit Tintin. N'affirmais-je pas en quelque sorte par là que *Les Aventures de Tintin* constituaient un « cadre » (un « contenant ») pour mes réflexions sur ma propre histoire passée ? Ainsi s'explique sans doute mon choix de reproduire, parmi toutes les vignettes disponibles dans Hergé, celle-là précisément !

Puis le temps passa, avec son cortège d'oublis nécessaires ou inutiles. Devenu père, amené à lire à nouveau ces aventures, en compagnie cette fois, j'y retrouvai mon questionnement d'enfance autour des deux albums qui m'avaient tellement intrigué, aiguisé sans doute par ma propre paternité. Je m'y penchai à nouveau, avec le désir de répondre aux questions restées sans solution dans mon enfance autour du chevalier de Hadoque. Mais, sitôt que j'eus identifié en lui le fils non reconnu et souffrant de Louis XIV, je me demandai soudain – un peu comme les étudiants en médecine s'interrogent avec angoisse sur le fait d'avoir les affections qu'ils étudient chez leurs malades – si ma propre famille ne serait pas, elle aussi, marquée par un tel

(L'Oreille cassée)

événement, somme toute assez banal même si les conséquences en sont nombreuses et variées selon chaque famille et chaque individu. Je questionnai alors ma mère : son père était-il bien le fils de son propre père ? Ne serait-il pas né de père inconnu ? Elle démentit aussitôt mes soupçons... pour ajouter que, par contre, ma grand-mère – sa propre mère – était née de père inconnu avant d'être légitimée par un mariage avec un autre homme ! En outre, elle me l'aurait déjà dit ! De cette dernière affirmation, je lui laisse, aujourd'hui encore, toute la responsabilité. Peut-être, en effet, me l'a-t-elle « dit ». Mais mon expérience de psychanalyste m'a appris qu'il existe des façons de dire les choses de telle manière qu'elles ne soient pas comprises, et que cela ne relève pas forcément de comportements conscients !

On voit donc ce que ma recherche sur *Tintin* doit à ma propre histoire, ainsi que le risque contenu dans un tel « engagement ». Cette recherche n'aurait peut-être pas vu le jour sans un ensemble de circonstances personnelles, plus précisément sans un « aspect » de ma propre histoire qui rencontrait celle de Hergé, présente dans son œuvre. Mais inversement, cette identification à Tintin – et à travers lui, à Hergé – pourtant indispensable à la conduite de ma recherche, m'a conduit à une généralisation abusive à partir du « secret de famille » le mieux connu de moi. Ce secret, qui concernait ma mère et ma grand-mère, m'a incliné à penser que le secret familial de Hergé se situerait du côté de son ascendance maternelle, bien qu'aucune preuve absolue ne plaide dans ce sens. Et j'ai, par cette généralisation, couru le risque de laisser croire au lecteur que tous les secrets viendraient toujours des mères[1].

Il serait enfin tout aussi injuste de ne pas dire ce que ma compréhension de ma propre histoire doit, en retour, à Hergé ! Que j'aie pour une part contourné le secret douloureux de ma propre famille dans ma passion à lire, puis à comprendre *Tintin*, ne fait pas de doute. Mais mon déchiffrage de Hergé m'a, lui aussi, appris quelque chose d'essentiel. A travers le personnage de la Castafiore, il m'a fait comprendre combien les figures menaçantes de mère castratrice

---

1. Mon ami Claude Nachin, lui aussi psychanalyste, découvrant *Tintin chez le psychanalyste*, m'a éclairé par ses réflexions et m'a permis d'introduire les corrections nécessaires dès la traduction portugaise de mon ouvrage en 1986 (avant que la biographie de Hergé ne soit connue), afin de laisser ouvert le problème de l'origine, paternelle ou maternelle, du secret familial pesant sur Hergé. Ainsi en est-il de la recherche psychanalytique de ne pouvoir faire pointer que par un tiers les points aveugles qui sont la condition de sa lumière.

devaient à la problématique du secret. La mère gardienne d'un secret indicible « castre » en quelque sorte son enfant dans sa possibilité d'exploration et de compréhension du monde. Son silence et sa confusion encouragent le repliement sur soi et la timidité de l'enfant, alimentés par la crainte d'ajouter à la souffrance maternelle.

Si j'ai décidé de raconter au lecteur cette anecdote personnelle, c'est parce qu'elle est plus qu'une parenthèse subjective. C'est seulement en reconnaissant la part de son engagement psychique dans son propre travail que le psychanalyste peut éviter que le lecteur ne croie à l'existence de deux sortes d'œuvres : celles dans lesquelles le créateur pousserait sa création en plongeant ses racines dans les profondeurs de son être ; et les œuvres critiques des premières, dans lesquelles l'auteur, comme en état d'apesanteur, irait cueillir dans le ciel des idées les arguments nécessaires à sa démonstration. Le fait que toute recherche doive se présenter avec la netteté d'une épure ne doit pas nous faire oublier qu'il s'agit toujours d'un *dessin après coup*, une fois le but découvert par de multiples tâtonnements, et une fois mise au point la manière la plus élégante d'y parvenir. On sait par exemple aujourd'hui, grâce au journal de Claude Bernard, qu'il n'a pas fait ses découvertes selon la méthode et les moyens qu'il expose dans son célèbre ouvrage l'*Introduction à la méthode expérimentale*. Et la très abondante correspondance de Freud, heureusement préservée, nous renseigne non seulement sur les multiples tâtonnements de son œuvre, mais aussi sur les fondements personnels de celle-ci. Son exploration qui ne fait que débuter – ces documents ayant été longtemps tenus secrets – montre ce que la théorie qu'il a donnée à la psychanalyse cache dans ses plis de tensions parfois résolues par elle, mais aussi parfois de conflits insolubles qu'elle fut destinée à écarter, ou à masquer...

En m'interrogeant sur les traces des constructions inconscientes de Hergé dans son œuvre, je me suis donc trouvé confronté à celles qui m'habitaient à mon insu. Et tout comme Hergé, en lisant *Sans famille*, tentait de poser des repères pour élucider son histoire généalogique, j'ai, enfant, utilisé *Tintin* comme support de mon questionnement sur un secret familial personnel : un support neutre et objectif, totalement à l'écart de mes propres conflits, mais en même temps au cœur de la question qui me préoccupait.

Ainsi l'enfant confronté à un secret familial, puis l'adulte qu'il devient, tente-t-il bien souvent d'approcher ce qui lui est caché à travers les constructions de fiction qu'il rencontre... et que ses parents mettent parfois entre ses mains !

Imprimé en France par Pollina, 85400 Luçon - n° 80353
Dépôt légal : février 2000